KB217722

Art Therapy

Techniques for Clinical Application

임상 적용을 위한

미술치료기법 II

| 김인선 · 전은청 · 이혜진 · 오승주 · 김희정 · 장소연 공저 |

학지사

머리말

인간의 정서・행동 및 발달의 문제에 접근하는 심리상담의 영역에서 미술치료는 미술을 매개체로 하여 개인 내면의 의식과 무의식이 자유롭게 표현되고 활용되는 심리치료의 한 분야이다. 따라서 상담장면에서 미술치료사는 내담자의 다양한 특성과 욕구, 증상에 따라 그에 알맞게 매체를 택하고 적절한 기법을 적용할 줄 알아야 한다. 만약 내담자의 증상에 적합하지 않은 기법이 사용되는 경우, 내담자의 증상을 악화시킬 수 있으며 이는 미술치료사 개인의 전문성 및 내담자와 치료사 간 신뢰에도 부정적인 영향을 줄 수 있다. 따라서 미술치료사로서 다양한 미술치료기법의 지식을 함양하는 것은 매우 중요하다. 인간의 무의식적 본능의 하나인 그리기가 개인의 자기표현과 직접적인 관계가 있음을 알고 있다면, 잠재된 그리기 본능을 이끌어 스스로 표현하고 표출할 수 있도록 돕는 것이 미술치료기법의 시작이다.

미술만이 갖는 고유한 매체의 특성과 기법이 개인의 다양한 특성과 증상, 욕구에 맞추어 적절하게 적용된다면 기대 이상의 치료적 효과를 줄 것이다. 더불어 치료사도 내담자의 진행과정을 통해 함께 성장하며 위로를 받기도 한다. 이러한 치료적 효과와 다양한 미술치료기법의 발전은 임상현장과 연구논문에서 그 효과성이 입증되어 왔다.

저자들은 오랜 시간 임상현장에서 다양한 욕구와 증상이 있는 내담자들과 함께하며 시대의 발전에 따라 생겨난 새로운 미술매체들을 발굴해 이에 따른 새로운 미술치료기법으로 발전시켜 적용하였다. 또한 치료적 효과와 검증을 거쳐 오면서 경험한 미술치료기법을 임상에 쉽게 적용할 수 있도록『미술치료기법 제2권』에 정리하고자 노력하였다.

『임상 적용을 위한 미술치료기법 제2권』은, 지난『미술치료기법 제1권』에 대한 많은 지지와 격려를 통해 다시 준비하여 나오게 되었다. 여러 미술치료사가 치료장면에서 미술치료기법을 통해 도움을 받았다는 피드백과 새로운 제2권에 대한 열망을 표현해 주었다. 저자들은 주변의 많은 치료사의 요구에 부응하기 위해 제1권에 싣지 못했던 새로운 기법들을 고민하고 연구하였다. 좀 더 다양한 매체와 도구들을 실제 임상현장에서 적용해 본 후 효과성이 나타난 기법들을 중심으로 구성하였고, 내담자들에게 바로 적용하여 도움을 줄 수 있도록 두 번째 미술치료기법을 발간하게 되었다.

　　책의 전체 구성은 제1권과 마찬가지로 주제별로 나누어 수록하였고, 상담자들이 어떤 내담자들을 만나든 내담자의 주 호소문제에 적합한 기법을 찾을 수 있도록 구성하였다. 재료는 기법마다 구체적으로 제시하여 준비할 수 있도록 하였으며, 적용대상과 적용시기 그리고 기법에 따른 상담목표를 정리하여 임상현장에서 치료사의 어려움을 줄이고자 노력하였다. 또한 진행과정에는 단순한 미술작업만이 아닌 상담적 효과를 충분히 이끌어 낼 수 있도록 구체적인 지문과 상담의 방향성을 제시하였고, 유의점에는 비미술치료사나 초보상담자들도 쉽게 이해할 수 있도록 혹여 간과할 수 있는 내용을 구체적으로 기술하였다. 『미술치료기법 제2권』은 다음과 같은 기준에 근거하여 정리하였음을 밝힌다.

　　첫째, 적용대상 및 유형은 인간발달이나 장애에 근거하여 정리한 것이 아니라, 생애주기별, 심리적 특성으로 분류하였다.

　　둘째, 기법의 장 분류는 긍정적 호응에 따른 제1권에 이어 그대로 분류되었다.

　　셋째, 기법 구분은 기대되는 치료적 효과가 다양하고 광범위할 수도 있어서 진행과정에서 중심이 되는 목표를 기준으로 구분하였다.

　　넷째, 기법 제목은 프로그램 목표나 재료 및 활동에 맞추어 정하였다.

　　다섯째, 기법들이 유사해 보일지라도 치료사의 안내나 역량에 따라 기대효과나 목표에 차이가 날 수 있다. 이는 진행과정이나 내담자의 특성에 따라 치료사가 좀 더 세부적이며 융통성 있게 진행할 필요성이 있다.

　　여섯째, 치료사가 손쉽게 준비할 수 있는 기본적인 매체에서부터 변형 · 적용 가능한 매체까지 제시하였으나, 매체에 제한이 따를 때는 치료사의 대처능력이 필요하다.

　　미술치료는 결코 어려운 것이 아니다. 우리 주변에서 만나는 다양한 재료들을 활용하여 우리가 만나는 내담자들의 어려움을 인식 · 통찰 그리고 재구성할 수 있도록 돕는다.

　　이 책은 전문 미술치료사뿐 아니라, 초보치료사, 학교 상담가, 언어 기반 상담가도 쉽게 이해할 수 있도록 제시함으로써 실제 현장에서 어려움 없이 적용할 수 있도록 구성하였다. 임상 적용을 중심으로 한 미술치료기법이 실제 임상현장에서 많은 상담자에게 도움이 되기를 바란다.

2025년 2월
저자 일동

차례

제7장 희망과 비전 · 271

 제**1**장

자아개념

1. 내 안의 보물

1) 준비물
투명 반구, 여러 가지 색 반짝이 가루, 물풀, 손 코팅지, 가위, 비즈 스티커, 줄, 네임펜

2) 대상 및 유형
아동, 청소년, 성인 / 개인, 집단

3) 적용 시기
초기, 중기

4) 기대효과
내적심상 이미지를 표현하고 긍정적인 자아를 인식할 수 있도록 돕는다.

5) 진행과정
① 조용한 음악을 들으며, 눈을 감고 호흡하며 내면의 긍정적인 느낌에 집중한다.
② 투명 반구 내면에 물풀을 발라 준다.
③ ①의 긍정적인 느낌을 떠올리며, 원하는 색상의 반짝이 가루를 선택하여 반구 내면
   에 자유롭게 뿌려 준다.
④ 반구를 손 코팅지로 덮은 뒤, 둥근 모양에 맞추어 자른다.
⑤ 덮은 코팅지 윗면에 비즈 스티커와 네임펜으로 자유롭게 꾸며 준다.
⑥ 완성된 작품에 줄을 달아 준다.
⑦ 작품에 제목을 붙인 후, 표현된 내적심상에 관하여 이야기를 나눈다.
   • 내면의 긍정적인 느낌이 무엇이었나요?
   • 작품에서 느껴지는 긍정적인 단어들을 이야기해 봐요.

- 이 심상이 나의 어디쯤 위치한 것 같은가요? 그곳에 잠시 머물러 보세요.
- 이 심상이 이후 나의 삶에서 어떻게 보이기를 바라나요.

6) 유의점

- 이 프로그램은 정서적인 우울, 불안 등으로 인해 부정적인 자아상을 형성하고 있는 내담자들에게 긍정적인 자아 경험 촉진을 위해 진행한다.
- 작품에 대해 나누는 과정에서 충분히 자아에 대해 긍정적인 느낌을 경험하고 인식할 수 있도록 도와주어야 한다.

2. 성장 케이크

1) 준비물
투명 컵(대), 과자류(젤리, 초콜릿 종류), 휘핑크림, 카스텔라 빵, 과일류, 소년·소녀 우드 스틱, 빵칼, 네임펜

2) 대상 및 유형
아동, 청소년, 성인, 노인 / 개인, 집단

3) 적용 시기
초기, 중기, 종결기

4) 기대효과
자신을 있는 그대로 수용하고 자기돌봄의 계기를 갖는다.

5) 진행 과정
① 씨앗 관련 책을 보여 주며 다양한 씨앗에 대해 이야기 나눈다.
② 씨앗의 의미를 찾아본다.
  • 우리는 모두 다른 모양의 씨앗을 품고 있다. 씨앗이 어떤 모양으로 꽃피우기를 바라는 가에 대한 이미지를 떠올려 본다.
③ 사람모형 우드 스틱에 네임펜을 사용하여 이미지를 완성한다.
④ 씨앗이 자라는 화분을 만든다.
  • 카스텔라는 깍둑썰기, 그 외의 과일은 어슷썰기나 얇게 자르고, 과자류는 잘게 부수어 흙 느낌을 준다.
  • 투명 컵에 카스텔라, 휘핑크림, 과일 순으로 반복해 넣는다.

• 채워진 화분 위에 부순 과자를 뿌리고 젤리와 초콜릿으로 장식한다.

⑤ 화분이 완성되면 ③을 꽂아 완성한다.

⑥ 작품의 이름을 정하고 이야기 나눈다.

　• 나는 어떤 사람이 되고 싶은가요?

　• 씨앗이 어떤 꽃을 피우기를 원하나요?

 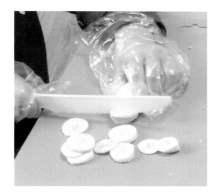

6) 유의점

• 과자류는 흙, 돌 등을 표현할 수 있는 재료로 선택하도록 한다.

3. 나의 상징, 나의 돌봄

1) 준비물
아이클레이, 8절 또는 4절 켄트지, 사인펜, 색연필 또는 크레파스

2) 대상 및 유형
아동, 청소년, 성인, 노인 / 개인, 집단

3) 적용 시기
초기, 중기, 종결기

4) 기대효과
자기인식과 자아탐색을 통해 내외적 자원을 발견하여 정서적 안정과 건강한 자아개념을 형성한다.

5) 진행 과정
① 자신을 사람이 아닌 생명이 있는 다른 대상으로 표현한다면 무엇으로 표현하고 싶은지 생각한다.
② 아이클레이로 되고 싶다고 생각한 대상을 만든다.
③ ②를 바라보며 치료사의 아래 안내에 따라 상상한다.
  • 이 대상은 이곳에 오기 전 마음의 아픔과 힘든 어려움을 겪었습니다.
  • 이 대상이 경험한 아픔과 어려움이 어떤 것이었는지 생각해 봅니다.
④ 화지에 이 대상이 더 안전하고 행복하게 살기 위해서 필요한 것들을 표현한다.
⑤ 그림이 완성되면 ②를 화지 위 원하는 곳에 올려놓는다.
⑥ 제목을 정하고 자신의 작품을 소개한다.

- 안전과 행복을 위해 필요하다고 생각하여 그린 그림에 대해 이야기한다.
- 자신에게 필요한 인적 자원과 물적 자원이 무엇인가에 대해 이야기한다.

6) 유의점

- 화지의 크기는 내담자의 에너지에 따라 결정할 수 있다.

4. 내 맘대로 계획하는 나의 하루

1) 준비물
8절 켄트지, A4용지, 연필, 지우개, 채색 도구

2) 대상 및 유형
아동, 청소년, 성인 / 개인, 집단

3) 적용 시기
초기, 중기, 종결기

4) 기대효과
일상의 욕구 탐색을 도와 사고의 전환을 촉진한다.

5) 진행 과정
① 하루를 마음대로 실행할 수 있다면 어떤 일상을 살고 싶은지 생각한다.
② 생각한 내용을 6가지 이상 적을 수 있도록 한다.
③ A4용지에 적힌 일상을 보고 어떤 성격의 인물인지 객관적으로 바라본다.
④ 이 사람이 더 즐겁고 행복하기 위해 필요한 것이 있다면 무엇인지 적어 본다.
⑤ ②에서 꼭 하고 싶은 것들을 순서로 정해 본다.
⑥ ⑤의 순서대로 화지에 이미지를 그린다.

6) 유의점

• 이 작업을 통해 자신의 성향을 인식하고 자신의 삶을 풍요롭게 할 수 있는 것들을
  인식한다.

5. 대우주와 소우주

1) 준비물
검정색 8절 켄트지, 파스텔, 크레파스, 반짝이 가루, 고정 스프레이

2) 대상 및 유형
아동, 청소년, 성인 / 개인, 집단

3) 적용 시기
초기, 중기

4) 기대효과
정서적 이완을 통한 무의식적 자아탐색과 자기욕구 발견으로 자아개념을 형성한다.

5) 진행과정
① 자신을 소우주라고 생각하며 잠시 명상 시간을 갖는다.
  • "천천히 호흡을 해 봅니다. 코로 깊게 들이쉬고 입으로 천천히 내쉽니다. 호흡하는 동안 내 온몸의 긴장을 풀어 봅니다. 하나…. 둘…. 셋… 나의 발은 아주 가볍게 떠 있습니다. 나의 몸은 깃털처럼 가벼워집니다. 나의 주변은 반짝이는 작고 큰 행성들과 별들로 움직이고 있습니다. 나는 하나의 작은 소우주가 되었습니다. 나의 우주에는 내가 보고 싶은 것들로 가득 차 있습니다. 자~ 잠시 들여다볼까요?"
② 검정 켄트지에 파스텔을 이용하여 우주와 나의 소우주를 상상하며 그림을 그린다.
③ ②에 반짝이 가루를 뿌리며 그림을 꾸민다.
④ 고정 스프레이를 뿌려 마무리한다.
⑤ 작품의 제목을 정하고 이야기를 나눈다.

6) 유의점

• 명상 시간을 통해 심리적 안전감과 정서적 안정감을 갖게 하여 심신의 긴장도를 낮추는 것이 중요하다.

6. 콜라주 아트

1) 준비물
4절 켄트지, 각종 스티커, 잡지, 미니 가위, 종이테이프, 입체 스티커 종류, 다양한 스탬프

2) 대상 및 유형
아동, 청소년, 성인 / 개인, 집단

3) 적용 시기
초기, 중기

4) 기대효과
다양한 매체를 통한 흥미 유발은 건강한 자기표현과 자아개념을 형성한다.

5) 진행과정
① 제시된 다양한 매체를 활용하여 자신을 표현할 수 있는 것들에 대해 생각한다.
② 다양한 매체를 활용하여 ①을 떠올리며 화지에 꾸미기를 한다.
③ ②의 자신에게 해 주고 싶은 말을 떠올리며 적는다.
④ 제목을 적고 자신의 작품을 소개한다.

6) 유의점

• 기존의 잡지 콜라주보다는 매체와 재료를 풍부하게 함으로써 다양한 창의적 결과물이 나올 수 있도록 하는 것이 필요하며 과정 자체를 즐길 수 있도록 하는 것이 중요하다.

• 그리는 것에 대한 거부감이 있는 내담자에게 친근하게 다가갈 수 있는 재료를 활용하여 편안하게 표현하도록 유도하고 안전하고 즐거운 경험이 되도록 한다.

7. 세 개의 상자

1) 준비물
아이클레이, 클레이 도구, 크레파스 또는 파스텔, 머메이드지

2) 대상 및 유형
아동, 청소년, 성인 / 개인, 집단

3) 적용 시기
중기, 종결기

4) 기대효과
안전한 공간 속에서 내면의 욕구를 인식하고 통찰하면서 자신을 이해한다.

5) 진행과정
① 조용한 음악을 배경으로 상상여행을 한다.

- "지금부터 우리는 잠시 눈을 감고 상상여행을 떠납니다. 나는 지금 푸른 바다 위에서 배를 타고 여행하고 있습니다. 따스한 햇살과 비릿한 바다향이 나는 한가로운 오후입니다. 우리의 배는 천천히 항해하며 목적지인 작은 섬에 도착했어요. 눈부시게 반짝이는 모래사장에 배가 도착했습니다. 천천히 배에서 내립니다. 눈앞에 작은 숲이 보이네요. 조금씩 숲에 다가가 봅니다. 상쾌한 나무 향이 나는 숲속으로 천천히 들어가 봅니다. 한 걸음 한 걸음... 숲의 중간에 도착했어요. 그런데 눈앞에 세 개의 상자가 놓여 있고, 나는 상자에 가까이 다가가 살펴봅니다. 첫 번째 상자에는 '가지고 싶은 것'이라고 적혀 있습니다. 그리고 두 번째 상자에는 '버리고 싶은 것'이라고 적혀 있고, 마지막 상자에는 '남기고 싶은 것'이라고 적혀 있네요. 나는 천천히 첫 번째 상자를 열어 봅니다. 무엇이

들어 있나요? 이번에는 두 번째 상자를 열어 봅니다… 무엇이 보이나요? 마지막으로 남은 상자를 열어 봅니다. 무엇이 보이나요?… 이제 천천히 눈을 떠 봅니다.

② 머메이드지에 바다와 모래사장을 그린다.

③ 아이클레이로 세 개의 상자 속 이미지를 형상화한다.

  • 가지고 싶은 것

  • 버리고 싶은 것

  • 남기고 싶은 것

④ ② 위에 클레이로 만든 ③의 세 개의 이미지를 배치한다.

⑤ 자기 작품들을 소개하고 나누기를 한다.

  • 가지고 싶었던 이유가 있었을까요?

  • 버리고 싶었던 이유가 있었을까요?

  • 남기고 싶은 것은 나에게 어떤 의미가 있나요?

6) 유의점

• 내담자가 충분히 명상에 들어갈 수 있도록 분위기를 설정해 주는 것이 필요하다.

8. 또 다른 나

1) 준비물
감정카드, 4절 켄트지, 색연필, 사인펜

2) 대상 및 유형
아동, 청소년, 성인 / 개인, 집단

3) 적용 시기
중기

4) 기대효과
적극적 탐색을 통하여 내면의 양가감정과 부정적 자기감정을 인식하고, 자아개념이 부족한 내담자의 자아탐색과 심리적 통합의 기회를 돕는다.

5) 진행과정
① 화지를 세로 방향으로 반 접는다.
② 화지 중앙선에 머리끝과 얼굴 턱 위치로 표시해 준다.
③ 화지 한쪽 면에 '내가 생각하는 나'를 그리고 색으로 칠한다.
④ 반대 면에는 '남이 생각하는 나'를 그리고 색으로 칠한다.
⑤ 화지를 펼치고 각각 표정에서 느껴지는 형용사 3가지 정도를 적는다.
⑥ 3가지 형용사를 이용하여 각각 스토리텔링 한다.
⑦ 두 개의 스토리텔링 내용을 합하여 통합된 글을 적는다.
⑧ 제목과 함께 그림과 글을 발표하고 격려와 지지를 잊지 않는다.

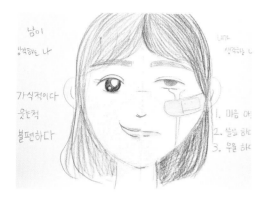

6) 유의점

- 각 표정에서 느껴지는 단어가 형용사가 아니더라도 어떠한 단어든 떠오르는 대로
  적어도 무방하다.
- 개인프로그램 시에는 상담자의 격려와 지지, 집단프로그램 시에는 짝꿍이나 집단원
  의 격려와 지지로 자존감을 높일 수 있다.

9. 명화 자화상

1) 준비물
복사된 명화 자화상(집단원 인원수 이상), 5호 캔버스, 아크릴물감, 붓, 물통, 팔레트, 꾸미기 재료

2) 대상 및 유형
아동, 청소년, 성인 / 개인, 집단

3) 적용 시기
중기, 종결기

4) 기대효과
명화 사진을 통한 자아탐색과 통찰로 성숙되고 긍정적인 자아상을 형성한다.

5) 진행과정
① 다양한 명화 자화상 중 가장 자신의 마음에 드는 명화 자화상을 한 장 선택한다.
② 선택한 명화 자화상을 캔버스에 오려 붙이고 채색하고 배경을 꾸며 준다.
③ 전시와 감상의 시간을 가지며 자신의 자화상을 제목과 함께 소개한다.
④ 프로그램에 대한 소감을 나눈다.
  • 자신이 선택한 자화상의 어떤 부분이 마음에 들었나요?
  • 나와 닮은 점이 있다면 어떤 부분인가요?
  • 원본과 내 작품의 다른 점은 무엇일까요?

6) 유의점

• 미리 명화 복사 인쇄물을 준비하되 집단원 인원수보다 더 많이 준비하여야 개인이
　골라 쓸 수 있다.

10. 나의 섬

1) 준비물
지점토, 공예토, 받침이 될 두꺼운 종이 또는 얇은 우드락, 이쑤시개, 면봉, 수수깡, 물통

2) 대상 및 유형
아동, 청소년, 성인 / 개인, 집단

3) 적용 시기
초기, 중기

4) 기대효과
내가 가진 긍정적인 면과 방어적인 면 등을 탐색하고 인지할 수 있다.

5) 진행과정
① 지점토와 공예토의 촉감을 느끼며 재료탐색을 한다.
② 나의 모습을 형상화한 섬을 떠올리며 지점토와 공예토를 이용하여 나의 섬을 만든다.
③ ②의 섬에 꾸미기 재료를 이용하여 자유롭게 꾸며 준다.
④ 만들어진 섬 이름을 붙이고 특징을 정리한다.
⑤ 섬의 이름과 특징을 발표하며 이야기를 나눈다.
- 이 섬의 이름은 무엇인가요?
- 이 섬의 눈에 띄는 특징은 무엇인가요?
- 이 섬에 어떤 비밀이 있을까요?
- 이 섬에 타인을 초대하고 싶나요? 초대하고 싶다면 누구일까요?
- 이 섬이 나와 닮은 점이 있다면 무엇일까요?

11. 내 마음을 누가 알아~

1) 준비물
4절 켄트지, 잡지, 사인펜, 색연필, 풀, 가위

2) 대상 및 유형
아동, 청소년, 성인 / 개인, 집단

3) 적용 시기
초기, 중기

4) 기대효과
나의 내면과 외면을 탐색하며 잠재된 무의식적 욕구를 인식할 수 있다.

5) 진행과정
① 켄트지를 가로로 놓고 대문접기를 한다.
② 문을 닫으면 나의 외면, 문을 열면 나의 내면이라고 안내한다.
③ 잡지를 넘기며 나의 외면과 닮아 있는 사진을 골라 나의 외면을 꾸며 주고 주변은
   컬러링 재료로 보충하여 마무리한다.
④ 잡지를 넘기며 나의 내면과 닮아 있는 사진을 골라 나의 내면을 꾸며 주고 주변은
   컬러링 재료로 보충하여 마무리한다.
⑤ 외면과 내면의 내용을 통합하는 제목을 정하고 발표한다.

6) 유의점

• 잡지는 뷰티, 여행, 주부 등 종류가 다양한 것으로 준비한다.

12. 돌과 나

1) 준비물
다양한 형태와 크기의 돌멩이, 아크릴물감, 작은 붓, 솜, 우드락

2) 대상 및 유형
아동, 청소년, 성인 / 개인, 집단

3) 적용 시기
중기, 종결기

4) 기대효과
자연물을 이용한 조형작업을 통해 안전한 정서와 이완된 정서를 내면화시켜 심리적 조화를 이룬다.

5) 진행과정
① '나'와 닮은 돌 하나를 고르고 이 돌과 '나'의 닮은 점을 이야기해 본다.
② ①의 돌멩이에 '나'를 생각하며 아크릴물감으로 자유롭게 꾸민다.
③ 꾸민 돌에 이름을 붙여 주고 솜을 간 우드락에 올려 완성도를 높인다.
④ 완성작을 소개하고 이야기 나눈다.
- 이 돌멩이의 이름은?
- 자신과 닮은 점은 무엇일까요?
- 돌멩이는 무엇을 보고 있나요?
- 돌멩이는 무엇을 원할까요?

탄생 그 자체의 행복

6) 유의점

• 돌은 상담자가 준비하거나 내담자에게 미리 고지하여 원하는 돌멩이를 준비해 오도
록 할 수 있다.

13. 내 안의 우주

1) 준비물
4호 캔버스, 자갈돌(10~20mm), 아크릴물감, 붓, 물통, 팔레트, 드라이기, 글루건, 물티슈

2) 대상 및 유형
아동, 청소년, 성인 / 개인, 집단

3) 적용 시기
초기, 중기

4) 기대효과
자기내면을 탐색하고 통찰하도록 돕는다.

5) 진행과정
① 우주라는 공간에 관해 이야기 나눈다.
- 우리가 살고 있는 곳은 우주예요.
- 우주에는 태양과 그 주변을 돌고 있는 8개의 행성이 있고 그중에 하나가 지구예요.
- 우주에는 8개의 행성 외에도 태양 주변에는 커다란 돌덩이인 소행성들이 있고 가스와 먼지로 이루어진 혜성들이 무수히 많아요.

② 내 마음속의 소행성에 관해 이야기를 나눈다.
- 내 마음속에 있는 다양한 생각과 감정들을 소행성이라고 한다면 내 마음속에는 어떤 소행성들이 있나요?
- 그 소행성 중에는 나를 기쁘게 해 주는 것도 있고, 나를 화나게 하는 것도 있을 거예요. 내 마음속 소행성들을 생각해 보세요.

③ 돌에 내 마음속 다양한 소행성들을 표현한다.

④ 소행성의 배경이 될 캔버스를 어두운 색으로 칠하고 추가적인 이미지를 그려서 우주로 꾸민다.

⑤ ④에 ③을 붙인다.

⑥ 완성된 작품으로 이야기를 나눈다.

- 내 마음속 우주 공간에는 어떤 것들이 있나요?
- 가끔은 소행성들끼리 부딪히기도 하지요. 다양한 생각과 감정이 부딪힐 때 나는 어떤 가요?
- 새로운 시각으로 자기내면을 바라볼 수 있도록 이야기한다.
- 내 마음속의 우주가 나를 성장시키고 나를 편안하게 만들려면 지금 내가 할 수 있는 것은 무엇인가요?

 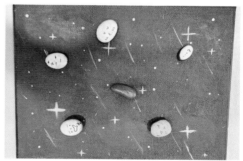

6) 유의점

- 아크릴물감에 대한 특성을 알고 있어야 한다.
- 아크릴물감으로 작은 자갈돌들을 색칠할 때 어린 아동일수록 손과 바닥에 물감이 묻어 곤란할 수 있으므로 자갈돌을 놓을 종이 준비와 붓 크기, 물감 양의 조절 등에 유의하여야 한다.

14. 나의 걸림돌과 자원

1) 준비물
사진(돌 틈에서 자라고 있는 풀), 8절 켄트지, 사인펜, 색연필, 파스텔

2) 대상 및 유형
청소년, 성인 / 개인, 집단

3) 적용 시기
중기

4) 기대효과
내 안의 약점과 강점의 자원을 찾아 건강한 자아개념 형성에 도움을 준다.

5) 진행과정
① 사진(돌 틈에 자라고 있는 풀)을 보고 이야기를 나눈다.
- 돌 틈에서 자라고 있는 풀 사진을 한 장 준비했어요. 잠시 사진을 감상해 볼까요?
- 어려운 상황 속에서도 자라고 있는 풀을 보니 어떤 생각이 드나요?
- 여러분들은 살아가면서 자신에게 걸림돌이 되는 것이 있다면 어떤 것이 있을까요?
- 돌 틈에서 자라고 있는 풀이 '나'라고 했을 때 나에게 걸림돌이 되는 것은 무엇인가요?
- 그 걸림돌은 나에게 어떤 영향을 주고 있나요?
- 여러 가지 걸림돌이 있음에도 불구하고 나는 성장해 가고 있는데, 내가 가지고 있는 이 자원은 무엇일까요? 아주 작은 것이라도 찾아볼까요?
② 화지에 자신이 가지고 있는 걸림돌을 먼저 그리고 자신의 내외적 자원을 떠올리며 그 자원을 그림으로 표현한다.

③ ②의 주변을 꾸며 주고 완성한다.

④ 완성된 그림으로 이야기를 나눈다.

- 나의 걸림돌은 무엇으로 표현했으며, 나의 자원은 무엇으로 표현되었나요?
- 내 자원으로 지금의 걸림돌을 어떤 방법으로 치울 수 있을까요?
- 걸림돌을 치우기 위해서 내가 지금 해야 하는 것과 할 수 있는 것은 무엇인가요?
- 걸림돌이 없었더라면 어떻게 되었을까요?
- 내가 앞으로 더 가질 수 있는 자원은 무엇일까요?
- 어떻게 하면 그 자원을 더 가질 수 있을까요?

6) 유의점

- 이 프로그램의 목적은 걸림돌 덕분에 내 안의 자원을 찾을 수 있게 되고, 걸림돌이 되는 약점이 오히려 강점의 자원이 될 수 있음을 알게 한다.
- 자신의 자원과 강점을 찾지 못할 때, 예를 들어서 밥을 잘 먹는 것도 자원과 강점이 될 수 있다는 것을 알게 한다. 이를 통하여 건강을 유지할 수 있는 것이라고 하는 등 매우 작은 소소한 것이라도 찾을 수 있도록 돕는다.

15. 내 마음의 사계절

1) 준비물
사각 상자, 유성매직, 네임펜

2) 대상 및 유형
아동, 청소년, 성인 / 개인, 집단

3) 적용 시기
중기

4) 기대효과
내면의 역동을 탐색하고 통찰하는 기회를 제공한다.

5) 진행과정
① 은유적인 계절의 느낌을 이야기 나눈다.
- 자신의 마음속 계절인 봄, 여름, 가을, 겨울의 특징에는 무엇이 있나요?
- 각 계절을 생각하면 어떤 장면이 떠오르나요?

② 상자의 네 겉면에 내 마음속의 사계절을 표현한다.

③ 완성된 작품을 감상하고 발표한다.
- 그려진 네 개의 계절 중 어떤 계절 장면이 가장 자신의 마음에 드나요? 그 이유는 무엇인가요?
- 그려진 네 개의 계절 중 어떤 계절 장면이 가장 자신의 마음에 들지 않나요? 그 이유는 무엇인가요?
- 각 계절마다의 그림에서 떠오르는 대상이 있나요?

6) 유의점

• 이 작업은 어느 정도의 은유적인 사고와 자기통찰력이 필요하다. 상담자는 계절에 대한 고정된 시각을 갖지 않도록 하고, 마음의 흐름과 성장에 대해 초점을 두고 이야기 나눈다.

16. 내가 생각하는 나

1) 준비물
동물 캐릭터 도안, 투명 반구 2개(소), 가위, 색연필, 양면테이프, 끈, 다양한 스티커

2) 대상 및 유형
아동, 청소년 / 개인, 집단

3) 적용 시기
중기

4) 기대효과
무의식적 자기투사를 통하여 의식적 자아개념을 확립한다.

5) 진행과정
① 다양한 동물 캐릭터 도안을 준비하고, 자신과 성격이 비슷하다고 생각되는 동물을 선택한다.
② 특정 동물을 선택한 이유에 대해 말하고, 동물마다 다른 특성에 관해 이야기 나눈다.
③ 선택한 동물 도안을 색칠하고 꾸며서 반구의 크기에 맞게 오린다.
④ 양면테이프로 도안과 반구를 고정한다.
⑤ 반구 두 개를 마주 보게 붙여 완성한 후 반구 겉면을 스티커로 꾸민다.
⑥ 제목을 정하고 자신의 작품을 소개하며 이야기를 나눈다.
  • 이 동물의 장점과 단점은 무엇일까요?
  • 자신의 장단점과 이 동물의 장단점과는 어떤 공통점과 차이점이 있을까요?

6) 유의점

• 부정적인 자기상을 가지고 있는 경우 새로운 긍정적 자기상을 갖도록 촉진한다.

• 누구에게나 장·단점이 있고, 자신의 단점(그림자)이 있음을 수용한다.

17. 내 마음 토닥토닥

1) 준비물
오일 파스텔, 8절 켄트지 2장, 사인펜, 가위, 물티슈

2) 대상 및 유형
아동, 청소년, 성인 / 개인, 집단

3) 적용 시기
중기, 종결기

4) 기대효과
신체작업을 통한 흥미와 이완으로 자기를 인식하고 자아개념을 정립하는 데 도움을 준다.

5) 진행과정
① 자신의 손을 바라보면서 자기 손에 대해 생각하는 시간을 갖는다.
  • 나의 손으로 누군가의 손을 잡아 주었고, 무언가를 했고, 누군가의 등을 토닥거리는 등~ 손으로 해 왔던 것들에 대해 생각하는 시간을 갖는다.
② 8절 켄트지에 다양한 포즈의 손을 여러 개 본뜬다.
③ ②의 본뜬 손에 원하는 색으로 칠한다.
④ ③의 칠한 손에 손가락으로 문질러서 오일 파스텔의 따뜻한 느낌을 더한다.
⑤ 가위로 손 모양을 오리고 그 뒷면에 글을 적는다.
  • '내가 하고 싶은 일이 있다면?' '내가 하고 싶은 말이 있다면?' '나에게 위로가 되는 말이 있다면?' '나에게 필요한 것' '내가 해 주고 싶은 것이 있다면 누구에게 무엇을?' 등등 적기

⑥ 나의 손과 글을 발표하고 이야기를 나눈다.

6) 유의점

• 오린 손 모양을 화지에 입체적으로 세우고 제목을 붙여 완성도와 성취감을 높일 수 있다.

18. 함께 그리기

1) 준비물
8절 또는 4절 켄트지, 크레파스 또는 색연필, 사인펜, A4용지, 볼펜

2) 대상 및 유형
청소년, 성인 / 개인, 집단, 부부

3) 적용 시기
초기, 중기

4) 기대효과
서로의 기질과 성향의 차이점을 알고 나아가 자신을 직면하고 이해하는 계기를 갖는다.

5) 진행과정
① 가위바위보로 이긴 사람이 먼저 자신이 선택한 한 가지 색으로 순간 연상되는 이미지 그리기를 시도한다.
  • 개인치료일 때에는 치료사와 내담자가 부부상담일 경우에는 부부가, 집단치료일 때에는 두 명씩 짝을 지어서 진행한다.
② 그리는 도중에 상담자가 'stop'을 외치면 그리던 것을 멈추고 화지를 상대방에게 넘겨준다.
③ 화지에 어느 정도 그림이 채워질 때까지 ②의 과정을 반복한다.
④ 어느 정도 완성이 되면 그리기를 멈추게 한다.
⑤ 두 사람이 함께 완성한 그림으로 A4용지에 그림의 줄거리와 제목을 적는다.
⑥ 두 사람은 각자 자신이 쓴 ⑤를 발표하고 서로의 내용에 대한 느낌을 나눈다.

• 상대방이 그림을 그려 줄 때 기분이 좋았던 점은 무엇이고, 기분이 나빴던 점은 무엇이었을까요?
• 나의 글과 상대방 글의 공통점이나 차이점이 있다면?
• 스토리텔링 내용의 느낌은?
• 화면 속의 그림을 주도적으로 그린 사람은 누구인가요?

6) 유의점

• 처음부터 끝까지 함묵으로 진행한다.
• 이 기법은 상대방과 나와의 차이점을 인식한 후 나와 상대를 이해하고 인정하는 데 그 목적이 있다. 그림의 형태를 누가 주도적으로 표현하고 있고, 누가 그 형태를 따라가며 도움을 주고 있는지, 방해하고 있는지 등을 서로 확인한다.
• 그리기와 글의 내용이 현실 속에서 어떻게 반영되고 있는지를 인식하여 자신을 변화시키는 데 의의가 있다.

19. 성장나무

1) 준비물
4절 켄트지, 사인펜, 색연필 또는 크레파스

2) 대상 및 유형
아동, 청소년, 성인 / 개인, 집단

3) 적용 시기
중기, 종결기

4) 기대효과
상징적 성장나무 자아상을 통해 새로운 비전을 갖고 자존감을 높인다.

5) 진행과정
① 4절 켄트지를 세 면으로 접는다.
② 첫째 면에는 나무의 어린 새싹을 그리고 배경을 꾸며 준다.
③ 둘째 면에는 성장하고 있는 나무를 그리고 배경을 꾸며 준다.
④ 셋째 면에는 노년기의 나무를 그리고 배경을 꾸며 준다.
⑤ 세 면에 그려진 각각의 나무그림에 제목을 적거나, 나무에게 하고 싶은 말을 말풍선에 적어 넣는다.
⑥ 자신이 살아온 과거, 현재, 미래를 떠올리며 자신의 그림을 소개한다.
- 어느 시기의 나무가 가장 마음에 드나요? 이유는 무엇일까요?
- 어느 시기의 나무가 가장 힘들어 보이나요? 이유는 무엇일까요?
- 각 시기의 나무에게 해 주고 싶은 말이나 듣고 싶은 말이 있다면 무슨 말인가요?

6) 유의점

- 과거와 현재의 나무는 힘들어 보여도, 미래의 나무는 대부분 건강하고 풍성하게 그려지는 경우가 많으나, 그렇지 못한 그림이 나오는 경우가 있다. 이때 상담자는 내담자의 긍정적 미래 자원을 찾을 수 있도록 유도해 주거나, 직접 그려 넣을 수 있도록 격려해 줄 수 있다.

20. 사진카드와 스토리텔링 1

1) 준비물
사진카드, A4용지, 볼펜

2) 대상 및 유형
청소년, 성인 / 개인

3) 적용 시기
초기, 중기

4) 기대효과
이미지 연상과 스토리텔링으로 잠재된 무의식적 욕구와 감정을 인식하여 자기이해와
자아개념에 도움을 준다.

5) 진행과정
① 상담자는 30~40장의 사진카드를 제시하고, 내담자는 그중 자신의 마음에 와닿는
  사진을 4~5장을 선택한다.
② 선택한 사진카드를 보고 카드마다 떠오르는 단어 1~2개를 적는다.
③ 단어로 간단한 문장을 만든다.
④ ③의 문장을 '나는'으로 시작하는 문장으로 다시 적어 본다.
⑤ 줄거리를 한 문장씩 짚어 가며 해석하고, 그 의미를 확장해 나가며 이야기를 나눈다.
⑥ 마지막 소감을 이야기하고 자기를 이해한다.

6) 유의점

- 제시한 사진카드가 아니더라도 다양한 이미지 카드를 활용해도 무방하다.
- 선택한 카드 수가 많을수록 내담자가 구조화하기 힘들어할 수 있으므로 내담자의 특성에 따라 카드 수를 가감한다.

21. 사진카드와 스토리텔링 2

1) 준비물
사진카드, A4용지, 8절 켄트지, 사인펜, 색연필 또는 크레파스

2) 대상 및 유형
청소년, 성인 / 개인

3) 적용 시기
초기, 중기

4) 기대효과
이미지 연상과 스토리텔링으로 잠재된 무의식적 욕구와 감정을 인식하여 자기이해와 자아개념에 도움을 준다.

5) 진행과정
① 상담자는 30~40장의 사진카드를 제시하고, 내담자는 그중 자신의 마음에 와닿는 사진을 5~6장을 선택한다.
② 선택한 사진을 보고 떠오르는 이미지를 화지에 자유롭게 그린다.
③ 완성된 그림을 보고 그림의 줄거리를 적어 본다.
④ 줄거리 내용을 한 문장씩 짚어 가며 해석하고, 그 의미를 확장해 나가며 이야기를 나눈다.
⑤ 마지막 소감을 이야기하고 자기를 이해한다.

6) 유의점

• 선택한 카드 수가 많을수록 내담자가 구조화하기 힘들어할 수 있으므로 내담자의
  특성에 따라 카드 수를 가감한다.

22. 마음 호수

1) 준비물

4절 켄트지, 수채물감, 채색도구, 스팽글, 가위, 풀, 4B연필, 지우개, 여러 모양의 비즈 스티커, 자연물(식물, 돌멩이, 조개껍데기 등)

2) 대상 및 유형

청소년, 성인/ 개인, 집단

3) 적용 시기

중기

4) 기대효과

내적심상을 통한 자기욕구 인식으로 자기이해를 돕고 자아개념을 구축한다.

5) 진행과정

① 내 마음이 호수라면 어떤 모습일지 눈을 감고 상상한다.

• 호수는 어떤 모습인가요?

• 호수의 크기는 어느 정도이고 주변에는 무엇이 있나요?

• 호수 안에는 무엇들이 보이나요?

• 물의 색은?

② ①의 모습을 상상하여 떠오른 이미지를 화지에 그린다.

③ ②에 여러 자연물과 스팽글, 스티커 등을 이용하여 꾸민다.

④ 완성된 작품으로 이야기를 나눈다.

• 호수에 이름을 붙인다면? 그 이름을 붙인 이유는?

• 호수에는 어떠한 것들이 살고 있나요?

• 호수에서 느껴지는 느낌의 단어를 떠올려 보고, (1분여의 시간을 주며) 강하게 느껴지는 그 느낌에 잠시 머물러 보세요.

• 떠오르는 생각이나 감정을 이야기해 보세요.

• 혹시 더 추가하고 싶거나 바꾸고 싶은 부분이 있나요?

⑤ 추가하고 싶거나 바꾸고 싶은 부분을 수정하고, 호수의 이름을 바꾸고 싶다면 그 이유에 대해 이야기한다.

⑥ 소감을 이야기한다.

6) 유의점

• 이 기법은 어느 정도의 자기인식 및 통찰이 가능한 발달 수준을 요하기 때문에 아직 통합적 사고가 발달되지 않은 연령에게는 어려울 수 있다.

• 자연물과 꾸미기 재료는 상담자에 따라 자유롭게 준비할 수 있다.

제 **2** 장

자존감 향상

1. 행복한 나

1) 준비물
신체 도안, 포스트잇, 네임펜, 색연필, 파스텔

2) 대상 및 유형
아동, 청소년, 성인 / 집단

3) 적용 시기
중기, 종결기

4) 기대효과
긍정적 자기암시와 타인의 지지를 통해 자존감을 회복할 수 있다.

5) 진행과정
① 신체 도안에 '행복한 나'라는 주제로 행복한 자신의 모습을 표현한다.
② 집단원은 상담자의 지시에 따라 자신의 그림을 옆 사람에게로 전달한다.
③ 그림을 전달받은 사람은 그 사람을 위해 행복한 모습을 이어 꾸민다.
④ ③의 활동을 집단원 전체가 돌아가며 이어 그린다.
⑤ 그림이 자신에게 돌아오면 마무리하여 완성한다.
⑥ 완성된 작품을 집단원에게 소개하며 이야기를 나눈다.
   • '행복한 나'는 무엇을 하고 있는 모습일까요? 어떻게 보이나요?
   • 어떤 부분이 가장 마음에 드나요? 마음에 들지 않는 부분이 있나요?
   • 그림 속에서 어떤 행복을 찾았나요?
   • 집단원은 어떤 말을 해 주고 싶은가요?

⑦ 포스트잇에 '행복의 글'을 적어 자신의 작품에 붙인다.

　• 행복에 관한 명언을 적거나 자신이 생각하는 행복에 대해 적는다.

⑧ 프로그램을 마친 후 소감을 나눈다.

6) 유의점

• 집단 이어 그리기 시, 묵언으로 진행한다.

• 두꺼운 종이에 작업을 하고 인물을 오려서 화지에 입체적으로 세워 창의적 작업으로 전환할 수 있다.

2. 최고의 긍정왕

1) 준비물
긍정얼굴 도안, 단면 접착 폼 보드(8절지), 가위, 풀, 색연필, 사인펜, 아이클레이, 빨대, 말풍선 도안

2) 대상 및 유형
아동, 청소년, 성인 / 개인, 집단

3) 적용 시기
중기, 종결기

4) 기대효과
창의적 작업을 통해 다양한 긍정의 방법으로 자기를 표현하여 자아의 힘을 얻는다.

5) 진행과정
① 폼 보드와 긍정얼굴 도안을 개인별로 준비한다.
② 긍정얼굴 도안을 오려 폼 보드 위에 붙인다.
③ 색연필과 사인펜으로 얼굴을 개성 있게 그리고 색칠한다.
④ 머리카락 표현은 아이클레이를 이용해 자유롭게 표현한다(길쭉하게, 동그랗게, 구불구불하게, 꼬아서 등).
⑤ 말풍선 도안에는 '자신이 듣고 싶은 말'을 적는다.
⑥ 작품 제목을 붙이고 발표의 시간을 갖는다.

6) 유의점

• 클레이 대신 휴지를 물에 적시고 물감으로 색을 입혀 꽃 모양으로 대체하면 창의적
이다.

3. 나의 마스코트

1) 준비물
슈링클스 종이, 연필, 색연필, 가위, 펀치, 미니 오븐, 포일, 핀셋

2) 대상 및 유형
아동, 청소년, 성인 / 개인

3) 적용 시기
중기, 종결기

4) 기대효과
긍정적 내적자원 탐색으로 내면의 힘을 기르고, 흥미로운 작업으로 자아성취감을 가져온다.

5) 진행 과정
① 눈을 감고 도움이 필요했던 상황이나 도움이 필요한 상황을 떠올린다.
② ①의 상황 속에 자신은 어떤 모습으로 있는지 상상해 본다.
③ 그때 자신을 도와줄 수 있는 자원은 무엇인지 떠올린다.
④ 자신이 생각한 자원을 슈링클스 종이에 연필이나 색연필을 사용하여 표현한다.
⑤ 표현된 그림을 1mm 여유를 두고 가위로 자른다.
⑥ 포일을 깐 오븐을 예열한 뒤 준비한 그림을 넣고 50~60초 굽는다.

6) 유의점

- 슈링클스 종이에 그려진 그림이 오븐에서 나오면 처음 크기의 3배 이상 작아지므로 최대한 그림은 크게 그린다.
- 예열된 오븐에 그림을 넣은 후, 그림이 오므라들다가 다시 펴졌을 때 꺼낸다.
- 파라핀이나 오일이 많이 든 재료는 오븐에서 타는 현상이 있으므로 사용을 금한다.

4. 내 인생의 황금기

1) 준비물
신체 실루엣 본, 연필, 지우개, 사인펜, 색연필, A4용지

2) 대상 및 유형
성인, 노인 / 개인, 집단

3) 적용 시기
초기, 중기, 종결기

4) 기대효과
자신의 내적자원과 자긍심으로 자존감을 높인다.

5) 진행 과정
① 나의 인생주기 중 다시 돌아갈 수 있다면 어느 시기로 돌아가고 싶은지 이야기 나눈다.
② 실루엣 본을 이용하여 ①의 시기의 자신을 그리고 배경을 함께 꾸며 준다.
③ 제목을 정하고 완성된 그림을 소개한다.
- 인생주기 중 어느 시기인가요?
- 이 시기가 당신에게는 어떤 의미를 주나요?
- 무엇을 하고 있나요?
- 나의 주변에는 누가 함께하고 있나요?

6) 유의점

- 실루엣 본을 그대로 활용하거나 내담자가 원하는 형태로 본을 떠 사용하는 것도 좋다.
- 다양한 인물 실루엣 자료는 인터넷에서 출력하여 사용할 수 있다.
- 그리기 작업으로 끝나는 것보다 다양한 재료를 이용하여 자신의 이미지 표현 확장
  도 바람직하다.

5. 어떤 집을 좋아해?

1) 준비물
나무현판(25cm×9cm), 유성매직, 네임펜, 색연필 및 크레파스, 꾸미기 재료

2) 대상 및 유형
아동, 청소년, 성인 / 개인, 집단

3) 적용 시기
초기, 중기

4) 기대효과
내재된 자원 속 정서적 힘을 찾아 자존감을 회복한다.

5) 진행 과정
① 자신이 좋아하는 장소와 공간을 떠올린 후, 좋아하는 이유에 대해 이야기한다.
② 자신이 좋아하는 장소와 공간의 이름을 지어 준다.
③ 나무현판에 유성매직으로 ②의 이름을 두꺼운 글씨로 적고 색칠하여 꾸민다.
④ 완성된 작품을 소개하고, 그 장소와 공간이 지금보다 더 편안하고 행복한 공간이
   될 수 있는 방법에 대해 이야기해 본다.

6) 유의점

• 만약 내담자가 자신이 좋아하는 장소와 공간이 없다고 한다면, 학교나 집, 도서관, 종교시설 등 다양한 장소를 예로 제시하며 갖고 싶은 희망적인 공간을 떠올려 보게 한다.

6. 나의 포토 카드

1) 준비물
손 코팅지(A4), 색연필, 사인펜, 켄트지, 칼, 가위

2) 대상 및 유형
아동, 청소년. 성인 / 개인, 집단

3) 적용 시기
초기, 중기, 종결기

4) 기대효과
내적자원의 힘을 찾아 자존감을 높인다.

5) 진행과정
① 내가 좋아하는 인물이나 가수, 캐릭터 등에 대해 자유롭게 이야기 나눈다.
② 켄트지를 원하는 크기로 자르고 ①을 양면으로 그린다.
③ 완성그림에 손 코팅지를 양면으로 붙이고 눌러 준다.
④ 손 코팅지를 가위로 잘라 정리한다.
⑤ 완성품을 발표하며 이야기를 나눈다.
- 이 인물이나 캐릭터를 좋아하는 이유는?
- 언제부터 좋아하게 되었나요?
- 이것을 선물로 준다면 누구에게 주고 싶나요?

6) 유의점

- 포토 카드 작업은 자기표현에 어려움을 갖는 아동들에게 '멋진 캐릭터'나 '내가 잘 그리는 것' 등 흥미 유발 촉진으로 유도할 수 있다.
- 청소년과 성인에게는 명화를 따라 그리거나 좋아하는 유명인, 그리고 소중한 인연을 그려 넣어 성취감과 안정감을 고취하는 데에 도움을 줄 수 있다.
- 손 코팅지는 들뜨기 쉬우므로, 얇은 종이를 사용하면 좋다.
- 종이에서 살짝 거리를 두고 자르면 코팅지가 쉽게 들뜨지 않는다.

7. 멋진 나!

1) 준비물
나무 마트료시카(러시아 인형 5p), 아크릴물감, 붓, 팔레트, 물통, 연필, 지우개

2) 대상 및 유형
아동, 청소년, 성인 / 개인, 집단

3) 적용 시기
중기, 종결기

4) 기대효과
잠재되어 있는 자신의 내적자원을 찾아 자긍심을 가져 자존감을 회복한다.

5) 진행과정
① 다섯 개 마트료시카 인형의 특성을 살핀다.
② 가장 큰 인형은 '멋진 나!'로, 나머지 인형들은 '내가 잘하는 것, 나를 움직이게 하는 것, 나를 힘이 나게 해 주는 것, 나에게 고마운 것'으로 각각 꾸민다.
③ 완성 후 "멋진 나는~~~"으로 시작하는 문장으로 자신의 마트료시카 인형을 소개한다.
④ 충분한 지지와 격려를 해 준다.

6) 유의점

• 아크릴물감을 두껍게 칠하면 뚜껑이 잘 닫히지 않는다는 것에 유의한다.

• 제일 큰 인형의 표면에는 아이클레이나 꾸밈재료를 사용해 창의적으로 표현할 수
  있다.

8. 나의 강점으로

1) 준비물
작은 상자, 마커펜 또는 유성매직. 포스트잇, 스티커 종류

2) 대상 및 유형
청소년, 성인 / 개인, 집단

3) 적용 시기
중기

4) 기대효과
자신의 강점을 의식화하여 긍정적 자아감과 자존감을 높인다.

5) 진행과정
① 자신의 강점에 대해 생각하고 이야기를 나눈다.
② 상자의 네 겉면에 자신의 강점을 그리고 꾸민다.
③ 포스트잇 4장에 ②의 강점을 발휘하는 데 필요한 것들을 적는다.
④ 상자의 네 속면에는 각각 ③을 붙인다.
⑤ 제목을 정하고 자신의 상자를 소개한다.
   • 나의 강점이 어디에서 어떻게 실천될 것 같은가요?
   • 가정에서? 혹은 학교에서? 직장에서? 강점을 발휘하기 위해서 무엇이 필요할까요?

6) 유의점

• 강점이란 가치 있는 성과를 위해 최적의 기능을 할 수 있도록 느끼고 생각하고 행동할 수 있는 역량을 말한다. 즉, 자신이 가지고 있는 고유한 특징이 남보다 우세한 것으로 자신과 타인의 성장에 긍정적 영향을 끼칠 수 있다는 것을 의미한다.

9. 나의 힘

1) 준비물
다양한 잡지, 가위, 풀, 4절 켄트지, 사인펜, A4용지

2) 대상 및 유형
아동, 청소년, 성인 / 개인, 집단

3) 적용 시기
중기

4) 기대효과
이미지를 활용한 내면의 자원으로 자기통합을 돕고 자존감을 높인다.

5) 진행과정
① 잡지에서 자신의 마음에 드는 다양한 이미지를 잘라서 모아 놓는다.
② ①에서 자신이 가지고 있는 내적인 힘과 외적인 힘을 상징하는 이미지를 찾는다.
③ 찾은 내외적 이미지들을 화지에 붙인다.
④ A4용지에 "나는 ~~과 ~~을 가지고 있다."의 문장으로 스토리텔링 한다.
⑤ 화지 가운데에 제목을 크게 적는다.
⑥ 작품과 글을 소개하며, 자신과 타인의 공통점과 차이점에 대해 서로 지지하고 격려
　해 준다.

6) 유의점

• 무기력하거나 자기표현에 어려움이 있는 내담자는 자신의 자원을 찾는 것에 어려움을 가진다. 그럴 경우 상담자가 함께 찾아 준다.

10. 마음 인형

1) 준비물
패션 양말 한 짝, 흰색 양말 한 짝, 노란 고무줄 2개, 가위, 구름 솜, 포스트잇, 사인펜

2) 대상 및 유형
아동, 청소년, 성인 / 개인, 집단

3) 적용 시기
중기, 종결기

4) 기대효과
자신을 위한 위로와 격려, 지지로 자긍심과 자존감을 높인다.

5) 진행과정
① 흰색 양말에 솜을 채우고 고무줄로 중간 부분을 묶어 목을 만든다.
② 패션 양말 뒤꿈치 윗부분을 잘라 내어 솜을 채워 몸통을 만든다.
③ 나에게 '용기를 주는 말' '위로하는 말'을 적어 몸통 속의 심장 부분에 넣는다.
④ ②의 몸통에 ①의 머리 부분을 넣어서 인형을 완성한다.
⑤ 인형의 이름을 지어 주고 가슴에 꼭 안아 토닥거려 준다.
⑥ 느낌을 이야기 나눈다.

6) 유의점

• 집단으로 진행되는 경우 집단으로부터 정서적 지지를 받고 위로받는 시간을 갖는다.

• 자신의 인형을 집단원 간 돌려 가면서 인형의 이름을 불러 주고 안아 주면서 따뜻한
　말을 해 준다.

• 인형이 다시 자신에게 돌아오면 꼭 안아 주며 토닥거려 준다.

11. 내가 하고 싶은 말, 내가 듣고 싶은 말

1) 준비물
8절 켄트지 2장, 사인펜, 색연필, 가위, 풀

2) 대상 및 유형
아동, 청소년, 성인 / 개인, 집단

3) 적용 시기
중기, 종결기

4) 기대효과
내 안의 위로받고 싶은 무의식적 욕구를 인식하며, 원만한 자기표현과 자존감을 높인다.

5) 진행과정
① 손에 관한 이야기를 나누고 화지에 양손을 본뜬다.
② 가위로 오린 후 왼손의 손가락 마디마디에 '내가 하고 싶은 말'을 적고, 오른손의 손
   가락 마디마디에는 '내가 듣고 싶은 말'을 적는다.
③ 양손을 컬러링 재료로 예쁘게 칠하고 꾸며서 8절 화지에 입체적으로 세워서 붙인다.
④ ②의 '내가 하고 싶은 말' 다섯 개의 단어로 문장을 만들어서 왼손 옆에 적어 본다.
⑤ ②의 '내가 듣고 싶은 말' 다섯 개의 단어로 문장을 만들어서 오른손 옆에 적어 본다.
⑥ 마무리되면 돌아가며 자신의 작품을 발표한다.
   • 집단원들은 발표자가 '하고 싶은 말'과 '듣고 싶은 말'에 대해 공감과 지지, 격려를 잊지
      않는다.

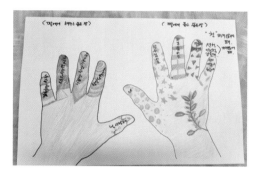

6) 유의점

• ④⑤ 문장을 적을 때 자신의 이름을 부르며 적는다.

• 부부간이나 모아(부모 · 자녀)간 소통을 위한 프로그램으로 활용하면 유익하다. 즉, 남편(아내)에게 하고 싶은 말(듣고 싶은 말) 등이다.

12. 나를 보여 줘!

1) 준비물
트레팔지 또는 16절 OHP 필름, 네임펜, 유성매직, 얼굴 도안

2) 대상 및 유형
아동, 청소년, 성인 / 개인, 집단

3) 적용 시기
초기, 중기, 종결기

4) 기대효과
자신의 내적자원을 인식하고 긍정적인 자아의 힘을 갖는다.

5) 진행 과정
① 자신이 좋아하는 것, 잘하는 것, 하고 싶은 것에 대해 이야기를 나눈다.
② ①에 대해 글자로만 표현할지, 얼굴 그림과 함께 이미지로 표현할지 정한 후 작업을 한다.
  • 얼굴을 표현할 경우, 준비된 얼굴 도안 중 자신의 이미지와 닮았다고 생각되는 도안을 선택하여 트레팔지 또는 OHP 필름에 본떠 사용한다.
  • 글자로 표현할 경우, 글자를 자유롭게 적고 꾸민다.
③ 트레팔지 또는 OHP 필름에 표현된 이미지나 글자를 네임펜과 유성매직으로 색칠하여 꾸민다.
④ 완성된 작품을 발표한다.

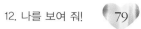

13. 내 손은 황금손

1) 준비물
석고붕대(대), 우드락(5mm), 아크릴물감(금색, 은색), 붓, 가위, 물그릇, 접시, 신문지

2) 대상 및 유형
아동, 청소년, 성인 / 개인, 집단

3) 적용 시기
초기, 중기, 종결기

4) 기대효과
자신의 내적자원을 인식하고 긍정적인 자아의 힘을 갖는다.

5) 진행 과정
① 자신이 잘하고 싶은 일에 관해 이야기한다.
   • 어떤 일을 잘하고 싶은가요?
   • 그 일을 잘하기 위해 어떤 노력이 필요할까요?
   • 지금 당장 시작할 수 있는 일에는 어떤 것이 있을까요?
② 석고붕대 한 봉을 5cm 길이로 잘라 놓는다.
③ 길게 잘라 준비해 놓은 우드락 위에 손과 팔을 올리고, 물에 적신 석고붕대를 바른다.
   • 석고붕대는 3~4겹 정도 바른다.
④ 5~10분 정도 기다린 후 석고붕대가 마르면 손에서 분리하여 떼어 낸다.
⑤ ④를 우드락에 다시 올려 석고붕대로 우드락에 고정시킨다.
   • 우드락에 고정 시 우드락 전체를 석고붕대로 붙인다.

⑥ 금색 아크릴물감으로 작품 전체를 색칠한다.

⑦ 완성된 자신의 손을 소개한다.

- '뭐든지 잘하고 잘할 수 있는 황금손'의 의미로 유도한다.

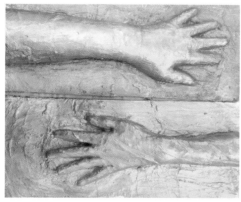

6) 유의점

- 석고붕대를 물에 적실 때 물에서 빨리 꺼내야 물이 많이 흐르거나 석고붕대가 흐물거리지 않는다.

- 떼어 낸 석고붕대 손을 우드락에 고정시킬 때 서로 분리되지 않도록 우드락 뒷면까지 석고붕대를 바른다(뒷면 1cm 정도).

14. 나의 소행성 1

1) 준비물
4절 켄트지 1장, 4절 검정 켄트지 1장, 물감, 붓, 물통, 가위, 풀

2) 대상 및 유형
유 · 아동, 청소년 / 개인, 집단

3) 적용 시기
중기

4) 기대효과
거시적 자기인식을 통해 자아개념 형성과 자존감 향상에 도움을 준다.

5) 진행과정
① 흰색 켄트지에 둥근 접시나 컴퍼스를 이용하여 지름 30cm 정도의 둥근 원을 그린다.
② 우주에서 바라보는 내 소행성의 모습을 물감으로 그린다.
　• "우주에서 바라보는 지구와 화성, 목성 등은 어떤 모습일까요? 만약 우주에 나의 행성
　　이 있다면, 우주에서 바라보는 나의 행성은 어떤 모습일 것 같나요? 우주에서 바라보는
　　내 소행성의 모습을 그려 보세요."
③ 검정 켄트지에 흰색이나 노랑색 물감을 이용하여 뿌리기 기법으로 별을 표현한다.
④ ②를 가위로 오린 후 ③의 원하는 위치에 붙인다.
⑤ 완성된 작품에 제목을 붙이고 자신의 행성을 소개한다.
　• 나의 행성의 이름은 무엇이며 그 이름의 의미는?
　• 우주에서 바라본 나의 행성은 어떤 느낌과 생각이 드나요?

• 나의 행성에는 누가 함께 살면 좋을까요?

• 나의 행성은 무엇으로 이루어져 있나요?

• 나의 행성은 앞으로 어떻게 될까요?

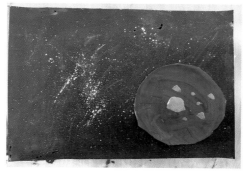

6) 유의점

• 우주 속의 별을 통해 세상 속 구성원으로서의 자기존재가 크게 부각되어 빛나고 있음을 알게 한다.

• 내담자의 긍정적인 자아상을 발견하여 자존감을 높일 수 있도록 돕는다.

15. 나의 소행성 2

1) 준비물
투명 플라스틱 조립형 구(지름 10cm), 아이클레이, 줄, 고리

2) 대상 및 유형
유 · 아동, 청소년 / 개인, 집단

3) 적용 시기
초기, 중기

4) 기대효과
거시적 자기인식을 통해 긍정적인 자아상 구현과 자존감 향상을 돕는다.

5) 진행과정
① 우주에서 바라보는 내 소행성의 모습을 아이클레이로 만든다.
② 투명 조립구 반쪽에 우주 혹은 하늘을 연상하며 원하는 색상으로 아이클레이를 채
　워 준다.
③ ①을 ②에 붙여 주고 구의 나머지 반쪽을 덮어 준다.
④ 고리를 매달은 줄을 ③에 묶어 준다.
⑤ 완성된 작품에 제목을 붙이고 자신의 행성을 소개한다.

6) 유의점

• '나의 소행성 1'이 평면적 이미지를 통해 자기인식을 촉진한다면, '나의 소행성 2'는
  입체작업을 통하여 구체적 자기인식을 돕고 자존감을 향상시킨다.

16. 나는 혼자가 아니야!

1) 준비물
4절 켄트지, 사인펜, 색연필, 크레파스, 물감, 붓, 접시, 일회용 포크

2) 대상 및 유형
유·아동 / 개인, 집단

3) 적용 시기
초기, 중기

4) 기대효과
상징적 자아상과 더불어 떠오르는 자원을 찾아 자존감을 회복한다.

5) 진행 과정
① 계절의 변화에 따른 나무의 특징을 이야기 나눈다.
② 표현하고 싶은 나무 이미지를 결정한다.
③ 가로로 놓은 화지 위에 손과 팔을 올리고 손에서부터 팔꿈치까지 본떠 나무의 몸통
　과 큰 가지를 표현한다.
④ 본뜬 나무에 짧은 선으로 잔가지를 표현한 뒤 컬러링 도구로 색칠한다.
⑤ 일회용 포크 뒷면에 물감을 찍어 나뭇잎이나 꽃을 표현한다.
⑥ 나무 사이에 함께하고 싶은 사람을 그리고 꾸민다.
⑦ 작품에 제목을 정하고 이야기를 나눈다.
　　• 함께하고 싶은 사람은 누구인가요?
　　• 그 사람은 나에게 어떤 의미를 주는 사람인가요?

• 그 사람과 함께 무엇을 하고 싶나요?

6) 유의점

• 인물 표현이 어려운 내담자는 잡지나 사진을 이용하여 표현할 수 있다. 그리기나 가
  위질에 불편감이 있는 경우 언어적 표현으로 대체한다.
• 집단의 경우 가로로 긴 종이(롤페이퍼)를 사용할 수 있다.

긴장이완과 자기조절

1. 슬라임 만다라

1) 준비물

물풀, 리뉴, 베이킹 소다, 작은 용기, 수채물감, 반짝이 가루, 스팽글, 여러 종류의 파츠, 종이 그릇

2) 대상 및 유형

아동, 청소년 / 개인

3) 적용 시기

초기, 중기

4) 기대효과

긴장이완 촉진과 긍정적인 내적심상을 경험하게 한다.

5) 진행과정

① 슬라임을 만든다.

- 물풀, 물, 리뉴를 10:10:2 비율로 섞는다.
- 베이킹 소다를 작은 티스푼으로 한 스푼 넣는다.
- 원하는 색상이 있다면, 해당 색상의 수채화 물감을 작은 반스푼 정도 첨가하여 섞는다(이 과정은 완성 후, 충분히 가지고 놀다가 첨가해도 된다).
- 재료를 잘 섞어 숟가락으로 슬라임 형태가 될 때까지 젓는다.

② 완성된 슬라임으로 충분히 탐색하며 논다.

③ 작은 용기에 슬라임을 담아 준다.

④ 담긴 슬라임 위에 반짝이 가루, 스팽글, 파츠들을 이용하여 자유롭게 꾸며 준다.

⑤ 완성된 작품에 제목을 붙이고 느낌을 나눈다.

- 무엇이 떠오르나요?

- 가장 마음에 드는 부분은 어디인가요?

- 바꾸고 싶은 부분이 있다면 어디인가요?

- 이미지가 나의 어떤 부분과 닮았나요?

6) 유의점

- 소다나 리뉴가 지나치게 많이 사용되면 슬라임이 딱딱해질 수 있다.

- 슬라임이 지나치게 끈적인다면 물을 더 첨가하는 것이 좋다.

- 슬라임은 종이류나 천류, 나무류에 붙으면 잘 떨어지지 않으므로 주의가 필요하다.

- 슬라임이 딱딱해지면 글리세린을 한 티스푼씩 넣어가며 굳기를 조절할 수 있다.

2. 말랑말랑 말랑이

1) 준비물

물풀, 리뉴, 베이킹 소다, 숟가락, 풍선, 깔대기, 네임펜

2) 대상 및 유형

유·아동, 청소년 / 개인, 집단

3) 적용 시기

중기

4) 기대효과

긴장이완을 촉진하고 자아의 힘을 성장시킨다.

5) 진행과정

① 슬라임을 만든다.

- 물풀, 물, 리뉴를 10:10:2 비율로 섞는다.
- 베이킹 소다를 작은 티스푼으로 한 스푼 넣어 준다.
- 원하는 색상이 있다면, 해당 색상의 수채화 물감을 작은 반스푼 정도 첨가하여 섞는다
  (이 과정은 완성 후, 충분히 가지고 놀다가 첨가해도 된다).
- 재료를 잘 섞어 숟가락으로 슬라임 형태가 될 때까지 젓는다.

② 완성된 슬라임으로 충분히 탐색하며 논다.

③ 풍선을 한번 불었다가 바람을 뺀다.

④ ③에 깔대기를 끼워 준 후, 풍선 안에 만들어 놓은 슬라임을 넣는다.

⑤ 풍선에 충분히 슬라임을 넣어 준 후 풍선 입구를 묶는다.

⑥ ⑤에 네임펜으로 재미있는 표정을 그린다.

⑦ 제목을 정하고 느낌을 나눈다.

6) 유의점

• 풍선을 한번 늘려 주는 것은 슬라임을 넣었을 때 풍선이 부드럽게 늘어날 수 있도록 돕기 위함이다.

• 풍선에 슬라임을 넣을 때 좁은 입구에 넣기 힘들 수 있으므로 슬라임에 물을 묻힌 후 조금씩 떼어 밀어 넣어 주는 것이 좋다.

3. 확장 그림

1) 준비물
8절 켄트지, 잡지, 가위, 풀, 4B 연필, 지우개, 사인펜, 색연필, 파스텔이나 물감류

2) 대상 및 유형
유ㆍ아동, 청소년 / 개인, 집단

3) 적용 시기
초기, 중기

4) 기대효과
이미지 심상에 따른 사고의 확장으로 심리적 이완을 돕는다.

5) 진행과정
① 잡지에서 인물이나 동물 등의 한 부분을 오려 준비한다.
② ①을 화지의 원하는 위치에 붙이고 연필이나 사인펜으로 확장 연결하여 그림을 그린다.
③ 색연필과 파스텔, 또는 물감으로 채색하여 완성하고 작품의 제목을 붙인다.
④ 작품을 감상하며 느낌을 나눈다.
  • 제목의 의미는 무엇일까요?
  • 마음에 드는 부분은 어디일까요?

6) 유의점

• 잡지에서 오릴 이미지가 지나치게 크거나 작지 않도록 한다.

4. 우드락 자유화

1) 준비물

검정 4절 우드락, 물풀, 백붓, 수채물감, 반짝이 가루, 종이컵

2) 대상 및 유형

유·아동, 청소년 / 개인

3) 적용 시기

중기

4) 기대효과

흥미 유발을 통한 정서적 안정과 내적심상으로 긴장을 이완시킨다.

5) 진행과정

① 물풀과 물감을 섞어 종이컵에 담아 준비한다. 물감 색은 원하는 색상으로 다섯 가지 미만 색으로 정한다.

② 검정 우드락판 위에 ①을 자유롭게 백붓을 이용하여 바른다.

③ ②에 발라진 물감의 변화를 감상한다.

④ ②에 반짝이 가루를 뿌려 꾸민다.

⑤ 완성된 작품에 제목을 정하고 감상하며 느낌을 나눈다.

- 연상되는 것은 무엇인가요?
- 마음에 드는 부분은 어디인가요? 이유는?
- 바꾸고 싶은 부분이 있나요?

 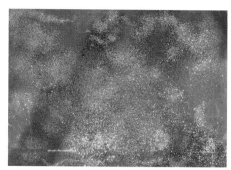

6) 유의점

• 검은색 우드락을 선택한 이유는 발색과 반짝이는 느낌을 더욱 효과적으로 표현하기
  위함이다.
• 상담자에 따라 우드락판의 색상은 원하는 방향과 효과에 따라 바꿀 수 있다.

5. 비즈 만다라

1) 준비물
여러 색상의 펄러비즈, 둥근 비즈판(지름 20cm), 다리미, 유산지

2) 대상 및 유형
유 · 아동, 청소년 / 개인

3) 적용 시기
초기, 중기

4) 기대효과
긴장이완 촉진과 자기조절력을 향상한다.

5) 진행과정
① 둥근 비즈판에 자유롭게 펄러비즈를 꽂는다.

② 유산지를 덮고 비즈판 앞뒷면을 달구어진 다리미로 잘 눌러 준다.

③ 완성된 작품에 제목을 붙이고 소개한다.

- 제목을 그렇게 정한 이유는 무엇인가요?

- 완성 후 떠오르는 생각이 있나요?

- 작업하면서 어떤 생각을 했나요?

- 작업하는 과정에서 어려웠던 점은 무엇인가요?

6) 유의점

• 유산지를 덮고 다리미로 눌러 줄 때, 골고루 힘을 가해 준다. 그렇지 않으면 자칫 덜 눌린 비즈 조각이 생길 수 있으며, 판에서 떼어 낼 때 비즈들이 빠져나가서 완성도가 떨어질 수 있으므로 주의가 필요하다.

6. 물감 폭죽

1) 준비물
지퍼백(20cm 이상), 물감, 투명 테이프, 유성매직, A4용지, 펜

2) 대상 및 유형
유 · 아동, 청소년 / 개인, 집단

3) 적용 시기
초기

4) 기대효과
이완 매체를 이용하여 창조적 에너지를 유발하고 심리적 · 신체적 긴장이완을 돕는다.

5) 진행 과정
① 지퍼백 안에 다양한 색의 물감을 짜 넣는다.
② 지퍼백 입구를 투명 테이프를 이용해 물감이 새어 나오지 않도록 봉한다.
③ 지퍼백 안의 물감을 손가락과 손바닥 힘을 이용해 넓게 펼친다.
④ 물감의 색이 서로 섞여 만들어진 이미지를 감상하고 숨은 그림을 찾아본다.
⑤ 유성매직으로 지퍼백 ④ 위에 떠오르는 그림을 그려 준다.
⑥ 완성된 작품의 제목을 정하고 발표한다.

6) 유의점

• 지퍼백 입구를 투명 테이프로 잘 고정하지 않으면 물감이 새어 나온다. 물감의 양은 500원짜리 동전 두 개 정도만큼 짠다.

• 물감으로 만들어진 이미지에서 숨은그림 찾기 놀이나, 떠오르는 단어를 3~5개 정도 찾아 스토리텔링을 하여 확장 작업으로 전환한다.

7. 풍선 엉덩이 그림!

1) 준비물

풍선, 수채물감, 8절 켄트지(2장), 칼이나 가위, 채색 도구, 접시

2) 대상 및 유형

유 · 아동 / 개인

3) 적용 시기

초기, 중기

4) 기대효과

창조적 에너지를 유발하고 자기표현을 촉진한다.

5) 진행 과정

① 동물이나 식물에 관한 자료를 이용하여 좋아하는 동물과 식물에 대해 이야기 나눈다.

② 좋아하는 동물이나 식물을 선택하여 화지에 그리고 칼로 도려낸다.

③ 풍선은 지름이 10cm 이내의 크기로 불어 놓는다.

④ 도려내고 난 화지 아래에 새 화지를 깔고 물감을 묻힌 풍선으로 찍는다.

⑤ 위에 올려진 화지를 떼어 내고 완성된 그림을 감상한다.

⑥ ⑤의 물감이 마른 후 배경에 추가할 그림을 그리거나 스티커로 장식하여 마무리한다.

⑦ 작품의 제목을 붙이고 이야기 나눈다.

6) 유의점

• 물감 찍기용 풍선에 바람과 함께 약간의 물을 넣어 불어 주면 손으로 잡았을 때 안
  정감을 준다.

• 도려낸 이미지 종이는 다양한 색과 표현으로 다른 이미지로 대체하여 함께 사용할
  수도 있다.

8. 쓱싹쓱싹 마술 연필

1) 준비물
4B연필, 지우개, 롤페이퍼, 채색 도구

2) 대상 및 유형
유・아동 / 집단

3) 적용 시기
초기

4) 기대효과
대인 간 친밀감을 형성하고 자기표현을 촉진시켜 긴장이완을 돕는다.

5) 진행 과정
① 실내바닥에 롤페이퍼를 테이프로 고정한다.
② 아이들이 편안하게 앉거나 엎드린 상태로 자유롭게 그림을 그리도록 한다.
  • 스토리텔링이나 그림책을 통해 연필을 특별한 힘이 있는 도구로 상징화시킨다.
  • 어떤 것이든 그릴 수 있는 연필로 마법의 주문을 건다.
③ 친구들과 자리를 옮겨 가며 자유롭게 그리도록 한다.
  • 그림은 낙서나 구체적인 형태와는 관계없이 표현하도록 한다.
④ 그림이 완성되면 어떤 이미지들이 보이는지 관찰하고 피드백한다.

6) 유의점

• 이 프로그램은 그림의 완성도가 아닌 자기표현에 따라 명명하는 것에 의미를 부여한다.

• 화지에 표현된 내용에 따라 집단의 관심사를 알 수 있으며, 누가 누구의 그림을 모방하는지, 집단의 리드가 누군지, 위축된 집단원이 누군지 등의 집단원의 역동을 알 수 있다.

• 신체를 낮추고 바닥 면에 닿을수록 긴장감 이완과 정서적 안정에 도움이 된다.

9. 퍼져라, 번져라~

1) 준비물
화선지, 먹물, 물이 담긴 분무기, 접시, 면봉, 붓, 물통, 물티슈, 명상 음악

2) 대상 및 유형
청소년, 성인, 노인 / 집단

3) 적용 시기
초기, 중기

4) 기대효과
매체 특성의 효과로 정서적 안정과 심리적 이완 그리고 자기조절을 돕는다.

5) 진행과정
① 화선지와 먹물의 특성을 이해한다.

② 명상음악을 들으며 호흡으로 신체를 이완한다.

③ 화선지에 먹물을 묻힌 면봉으로 가볍게 또는 힘을 주어 여러 개의 점을 찍는다.

④ 분무기로 물을 뿌려 약간 젖은 화선지에 먹물 면봉으로 가볍게 찍는다.

⑤ ③과 ④의 작업으로 얻어진 여러 장의 화지 중에 마음에 드는 것을 고르고, 그 여백에 붓이나 면봉으로 자유롭게 선과 형태로 표현한다.

⑥ 완성된 작품들을 감상하며 느낌을 나눈다.

- 먹물이 퍼져 나갈 때 어떤 느낌이었나요?

- 완성된 그림이 어떻게 보이나요?

- 가장 마음에 드는 작품의 이유가 있을까요?

• 제목을 지어 주세요.

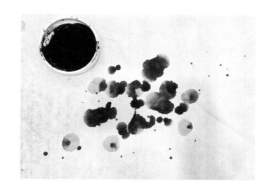
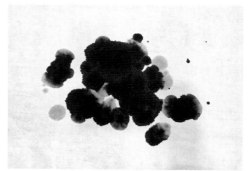

6) 유의점

• 먹물의 특성상 옷에 묻으면 지워지지 않으니 주의한다.

• 먹물 묻은 면봉이 화선지에 닿아 있는 시간차에 따라 퍼지는 느낌이 다르다.

• 화선지에 찍혀 있는 먹물 점에 맹물을 찍으면 점점 더 확대된 다양한 형태가 나온다.

• 화선지의 종류(옥당지, 순지, 구곡지, 장지 등)를 달리할 경우 형태의 다양한 이미지를 얻을 수 있다.

• 화선지는 종류에 따라 번짐이 있고 없고 하기 때문에 화선지를 사용하는 목적에 따라서 발묵이나 표현을 자유롭게 할 수 있다.

10. 바닥 퍼포먼스

1) 준비물
전지, 아세테이트지 또는 비닐, 물감, 백붓(대, 중, 소), 접시, 물통, 경쾌한 음악

2) 대상 및 유형
아동, 청소년, 성인 / 개인, 집단

3) 적용 시기
초기, 중기

4) 기대효과
심리적, 신체적 에너지 촉진과 확장을 통해 긴장이완을 돕는다.

5) 진행과정
① 바닥에 묻지 않도록 아세테이트지나 비닐을 미리 깔아 둔다.
② ① 위에 전지를 놓고 음악을 들으며 긴장을 풀도록 한다.
③ 백붓을 이용해 원하는 색의 물감을 바르고 자유롭게 채색한다.
④ 음악이 멈추면 그림 그리기를 멈춘다.
⑤ 가까이 서서 또는 멀리 서서 작품을 감상하며 이야기를 나눈다.
   • 어떤 느낌이 드나요?
   • 그림 속에 무엇이 보이나요?
   • 제목을 정한다면?
   • 추가해서 더 그린다면 무엇을 더 그려 주고 싶은가요?
   • 추가해서 그려 준 그림에서 무엇이 느껴지고 또 달라 보이나요?

6) 유의점

• 바닥 작업에 유의하여 편안한 복장과 앞치마를 준비하도록 한다.

• 바닥 작업이 여의치 않을 시에는 벽에 붙여 작업해도 좋다.

• 유약한 내담자에게는 상담자가 내담자에게 필요한 특정 형태나 색을 추가하여 그려
 달라고 부탁하여 힘과 에너지를 북돋운다.

11. 물티슈 발자국

1) 준비물
코인 티슈, 사인펜, 스포이트, 4절 우드락(3mm)

2) 대상 및 유형
아동, 청소년, 성인 / 개인, 집단

3) 적용 시기
초기, 중기

4) 기대효과
흥미로운 매체와 색을 통해 이완과 자기조절을 경험한다.

5) 진행과정
① 여러 개의 코인 티슈에 사인펜으로 자유롭게 채색한다.
② ①에 스포이트를 이용해 물을 충분히 떨어트린다.
③ 부풀어 오른 티슈를 펼쳐 우연히 생긴 무늬를 감상한다.
④ 우드락에 작품 ③을 올려 놓고 화면을 재구성한다.
⑤ 작품에 대한 느낌을 나누며 마음에 드는 제목을 붙여 준다.

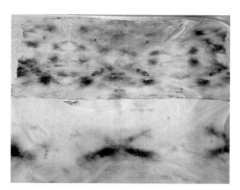

6) 유의점

- 본 작업을 할 때에는 결과물에 상관하지 않고, 과정을 즐기는 것이 중요하다.
- 사인펜 색이 번지는 느낌을 이용해 충분한 이완을 경험하고 과정에 몰두할 수 있는 분위기를 제공하는 것이 필요하다.
- 정서적 불안과 우울이 높은 내담자에게는 통제성이 낮은 매체를 통해 정서적 안정 감을 얻을 수 있다.

12. 전분 Art-play

1) 준비물
옥수수나 감자전분 500g 1봉지, 물, 사각 쟁반(대), 수채물감, A4용지 여러 장

2) 대상 및 유형
유·아동, 청소년, 성인 / 개인

3) 적용 시기
초기

4) 기대효과
비정형 매체를 통한 놀이와 탐색은 심리적 이완과 자기조절에 도움을 준다.

5) 진행과정
① 쟁반 위에 전분을 쏟아 촉감을 느끼며 탐색한다.
② 전분으로 모래성 게임을 한다.
③ 물을 조금씩 부어 가며 반죽하고 변화되는 전분을 관찰한다.
④ ③으로 촉감놀이를 한다.
⑤ ③에 물감을 섞어 가며 전분과 물감이 어우러진 마블링의 모습을 관찰한다.
　• 무엇이 보이나요?
　• 무엇이 만들어졌나요?
　• 무엇을 만들어 보고 싶나요?
⑥ 마블링 형태가 마음에 들면 화지를 준비하여 가볍게 찍는다.
⑦ 정리 후 소감을 나눈다.

6) 유의점

• 전분 가루로 놀이를 할 때에는 쟁반을 제공하여 경계를 설정해 주는 것이 좋다.

• 충동적이거나 과잉행동 유·아동에게는 초기 작업하기에 부적절하다.

13. 스톤 만다라

1) 준비물

돌(지름 10cm~), 아크릴물감, 붓, 접시나 팔레트, 물통, 물티슈

2) 대상 및 유형

아동, 청소년, 성인 / 개인, 집단

3) 적용 시기

초기, 중기

4) 기대효과

자연물 매체의 특성은 심리적 안정감과 편안함으로 내면의 긴장이완과 자기조절을 얻을 수 있다.

5) 진행과정

① 편안하고 부드러운 음악을 감상하며 심신의 이완을 느낀다.

② 만다라 모양을 본보기로 제시하고 감상하며, 마음에 드는 이미지를 고른다.

③ 모양이 제각각 다른 돌들을 몇 개 선택한다.

④ ③에 마음에 드는 이미지를 떠올리며 아크릴물감으로 만다라를 그린다.

⑤ 다양한 형태의 만다라로 그려진 돌들을 한자리에 놓고 구성하여 본다.

⑥ 작품을 감상하며 이야기를 나눈다.

- 만다라를 그릴 때 무슨 생각을 했나요?

- 가장 마음에 드는 돌은 어떤 것인가요? 그 이유는? 제목을 붙여 준다면?

- 선물로 주고 싶은 사람이 있나요?

6) 유의점

• 자연의 일부인 돌의 촉감을 통해 심리적 안정감과 편안함을 얻을 수 있다.

• 돌들을 충분히 탐색하도록 하고, 그림을 그릴 수 있을 정도의 크기로 준비하는 것이 좋다.

• 돌의 표면이 매끄러운 것으로 고르도록 한다.

14. 스퀴지 난화

1) 준비물
물약 병, 스퀴지(창문 닦이용), 수채물감, 물, 16절 켄트지 여러 장, 검정 사인펜

2) 대상 및 유형
아동, 청소년, 성인 / 개인, 집단

3) 적용 시기
초기, 중기

4) 기대효과
물감 스퀴지 난화 놀이로 이완과 자기조절을 돕고 나아가 무의식적 자기를 이해한다.

5) 진행과정
① 눈을 감고 요즘 나의 기분과 몸 상태에 대해 생각한다.
② ①을 떠올리면서 원하는 색의 물감을 3~4개 정도 골라 각각 약병에 넣고 물과 함께 섞는다.
③ ②의 물감이 담긴 약병을 화지에 자유롭게 짠다.
④ 스퀴지로 닦아 내듯이 쓸어 낸다.
⑤ ④의 작업을 여러 장 반복한다.
⑥ 마음에 드는 작품 서너 장을 고른다.
⑦ 숨어 있는 형태를 찾아서 검정 사인펜으로 테두리를 따라 그린다.
⑧ 3~4개 정도의 형태를 찾은 후 뒷면에 단어를 적고 스토리텔링한다.
⑨ 스토리텔링한 내용으로 이야기를 나눈다.

- 스퀴지 활용 작업할 때 느낌은 어떠했나요?
- 스토리텔링 내용에서 무엇이 느껴지나요?
- 최근에 이러한 내용과 비슷한 감정의 경험이 있었을까요?
- 제목을 붙인다면?

6) 유의점

- 스퀴지 물감 난화는 무의식적 표현이므로 단어와 스토리텔링 내용에 대해 질문과 답을 통해 상징적인 의미를 해석하며 자기이해를 돕는 것이 중요하다.
- 물 약통은 여러 개 준비하어 물감을 담을 수 있도록 한다.

15. 빛과 그림자

1) 준비물
천사와 악마 그림, 4절 켄트지, 사인펜, 색연필, 파스텔

2) 대상 및 유형
아동, 청소년, 성인 / 개인, 집단

3) 적용 시기
중기

4) 기대효과
자신의 왜곡된 사고를 알아차리고 인지 · 정서적 자기조절 능력을 돕는다.

5) 진행과정
① 화지를 이등분하여 한쪽 면에는 기분 좋았던 기억 속의 상황을, 다른 면에는 기분
   나빴던 기억 속의 상황을 그림으로 표현한다.
② 각각의 그림 제목을 적고 이야기 나눈다.
   • 어떤 상황이었나요?
   • 그 상황에서 어떤 생각과 기분이 들었나요?
③ '천사와 악마' 그림을 보면서 어떤 부분이 먼저 보이는지 찾는다.
   • 부정적인 것에 먼저 집중되나요?
   • 긍정적인 것에 먼저 집중되나요?
   • 평소에 긍정적인 것에 먼저 집중되는지, 부정적인 것에 먼저 집중되는지에 대해 이야기
     를 나누어 볼까요?

- 우리는 행복했던 기억보다는 행복하지 못했던 기억에 선택적으로 집중하게 됨으로써 우울해집니다. 여러분의 경우는 어떠한가요?
- 객관적으로 검증되지 않은 개인의 주관적 해석은 사실과 다르다는 것을 알고 있나요?

④ 비합리적인 생각을 합리적인 생각으로 바꾸는 연습을 한다.

- "프리지어를 다른 사람이 국화라고 부른다고 해서 프리지어의 본질이 국화로 바뀌지 않는 것처럼, 나를 대상으로 타인들이 수군거린다고 해서 나의 본질이 바뀌는 것은 아니다."

⑤ ②의 그림을 바라보며 기분 나빴던 상황과 장면을 떠올리고, 비합리적인 생각을 합리적인 생각으로 바꾼다.

⑥ ⑤의 작업 후, 느낀 점에 대해 이야기 나눈다.

6) 유의점

- 기분이 나쁠 때마다 떠올랐던 생각을 기록하게 하는 한 주간의 과제 부여를 할 수 있다.

16. 10가지 먹물 난화

1) 준비물
A4용지 개인당 10장, 먹물, 붓, 종이컵, 투명 테이프, 조용한 음악

2) 대상 및 유형
청소년, 성인 / 개인, 집단

3) 적용 시기
초기, 중기

4) 기대효과
무채색 먹물 난화로 정서적 이완을 가져오고, 타인의 지지와 격려로 자기이해를 돕는다.

5) 진행과정
① 눈을 감고 호흡으로 이완을 돕는다. 조용한 음악과 함께 해설(narration)을 들려 준다.
- "잠시 눈을 감고 몸을 편안하게 이완합니다. 천천히 숨을 깊이 들이마시고 내쉽니다. 하나, 둘, 셋… 이제 나의 마음과 몸은 고요해졌습니다. 내 안에 들어 있던 내 생각과 감정을 머리끝에서 발끝까지 모두 모아 손끝으로 내보냅니다. 이제 모든 생각과 감정을 내보낸 나는 편안해집니다(잠깐 시간을 준다). 다시 하나, 둘, 셋 숫자를 세면 천천히 숨을 깊이 들이마시고 내쉬면서 눈을 뜹니다. 하나, 둘, 셋… 이제 눈을 뜹니다."
② 상담자가 불러 주는 10가지 주제(생명-과거-미래-문제-몸-나-아버지-엄마-영혼-현재)에 대하여 순서대로 A4용지에 하나씩 먹물로 난화를 그린다.
- 화지 상단에 순서와 주제를 작게 적은 후 난화를 그린다.

③ 그린 난화 10장을 제시된 벽에 주제 순서대로 붙인다.

④ 자신의 난화를 집단원에게 설명하며 소개한다.

⑤ 소개가 모두 끝나면 상담자와 내담자가(집단원끼리) 번갈아 가면서 난화 10장의 위치를 바꿔 주고 싶은 곳으로 옮겨 놓는다.

⑥ 상담자와 내담자는(집단원들은) '왜 그곳으로 옮겨 주고 싶었는지'에 대해 이야기한다.

⑦ 활동이 끝나고 소감을 나눈다.

• 상담자(집단 구성원)가 나의 그림을 옮길 때 어떤 느낌이 들었나요?

• 내가 상담자(집단 구성원)의 그림을 옮겨 줄 때 어떤 기분으로 했나요?

• 상담자로부터 지지받고 공감을 받는 느낌이 들었다면 어떤 면에서 그러했을까요?

• 이 활동에서 나는 무엇을 느꼈나요?

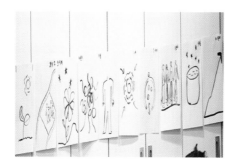 

6) 유의점

• 주제를 반드시 위의 순서대로 불러 준다.

• 난화 위치를 바꿔 줄 때 10장 전체가 아닌 몇 장만 바꿔 줄 수도 있다.

• 난화 위치를 옮겨 줄 때 내담자가 무언의 격려와 지지를 받는 느낌이다.

17. 내 마음의 흐름을 따라서~

1) 준비물
OHP필름지, 물감, 붓, 물통, 팔레트, 종이테이프

2) 대상 및 유형
아동, 청소년, 성인 / 개인, 집단

3) 적용 시기
초기

4) 기대효과
신체적 촉감과 물감의 색 번짐을 통한 정서적 이완과 자기조절 능력을 얻는다.

5) 진행과정
① OHP필름지에 물감을 떨어뜨린다.
② ①에 다른 필름지를 덮고 물감이 퍼지도록 손바닥으로 문지른다.
③ ①, ②를 여러 장 작업한다.
④ 작업한 작품들을 감상한다.
   • 각각의 작품들에서 어떤 느낌이 드나요?
   • 마음에 드는 작품이 있나요?
⑤ 자신의 마음에 와닿는 작품을 선택하여 필름지 가장자리를 종이테이프로 붙여 물감이 새어 나가지 않도록 한다.
⑥ 제목을 짓고 작품을 소개한다.
   • 이 제목을 붙인 이유는 무엇인가요?

• 필름지에 문지르기를 할 때 손바닥의 느낌은 어땠나요?

• 각각 물감이 퍼져 나갈 때의 느낌은 어땠나요?

6) 유의점

• 물감을 붓으로 떨어뜨릴 수 있으며 이때 물감에 물을 조금 섞어 준비한다. 작업을 하는 동안 손바닥의 느낌과 물감이 퍼져 나가는 이미지에 집중한다.

18. 젠 탱글 만다라

1) 준비물

8절 켄트지, 사인펜, 자, 컴퍼스

2) 대상 및 유형

청소년, 성인 / 개인, 집단

3) 적용 시기

초기, 중기

4) 기대효과

만다라 그리기를 통하여 심리적 안정감과 집중력을 얻고 나아가 자기조절력과 자기통찰을 가져온다.

5) 진행과정

① 8절 켄트지 위에 컴퍼스로 원을 그린다.

② 자를 사용해 원을 나누고 문양을 그려 사인펜으로 색칠한다.

③ 완성된 젠 탱글 만다라를 벽에 붙이고 거리를 두고 감상한다.

④ 약 세 가지 정도의 느낌을 적고 제목을 붙인다.

⑤ 작품을 소개하고 이야기 나눈다.

- 제목을 그렇게 지은 이유는?
- 느낌 세 가지는?
- 그 느낌을 살아오면서 언제 느껴 보았나요?
- 일상과 어떻게 연결이 되나요?

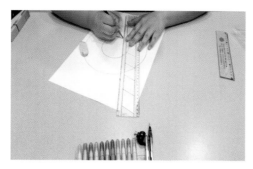

6) 유의점

- 젠 탱글이란 Zen(선) + Tangle(얽힌 것), 선을 얽혀서 만든 것이다.
- 분할, 반복, 변형(직선, 곡선)을 통하여 젠 탱글을 그릴 수 있다.

 제 **4** 장

감정과 스트레스

1. 내 마음속에 살고 있는 몬스터

1) 준비물
몬스터 활동지, 사인펜, 색연필

2) 대상 및 유형
유 · 아동, 청소년 / 개인, 집단

3) 적용 시기
초기, 중기

4) 기대효과
내면에 내재화되어 있는 감정을 외현화시켜 자기를 인식할 수 있도록 돕는다.

5) 진행과정
① 외곽선으로만 그려져 있는 자극도를 제시한다.
② 내 안에 있는 다양한 몬스터들에 대해 이야기를 나눈다.
- 내 안에는 여러 몬스터들이 살아요. 나를 화나게 하는 몬스터, 나를 즐겁게 만드는 몬스터, 나를 슬프게 만드는 몬스터, 나를 용기 있게 만드는 몬스터 등등.
- 여러 몬스터 중에서 내 안에 주로 나타나는 몬스터는 어떤 몬스터일까요?
- 내 안에 여러 몬스터 중 하나를 그림으로 그려 보아요.
③ 색연필, 사인펜 등을 이용하여 몬스터를 그린다.
④ 완성된 몬스터에 이름을 지어 준다.
⑤ 작품에 대하여 이야기를 나눈다.
- 이 몬스터는 언제 나타나나요?

- 몬스터가 나타나면 어떤 일이 일어날까요?

- 몬스터가 원하는 것은 무엇인가요?

- 내가 이 몬스터에게 원하는 것은 무엇인가요?

- 이 몬스터가 사라지려면 무엇이 필요한가요?

6) 유의점

- '몬스터'는 내담자의 감정에 대한 내적 표상으로 자아상의 또 다른 모습이라 할 수 있다.

- 상담자는 작품에 대해 이야기를 나눌 때 충분히 내면의 숨은 참자아와 감정적인 통찰을 할 수 있도록 돕는다.

2. 신체와 감정

1) 준비물
신체 윤곽 도안지, 색연필, 사인펜, 감정카드

2) 대상 및 유형
아동, 청소년, 성인 / 개인

3) 적용 시기
초기, 중기

4) 기대효과
감정이 신체에서 어떻게 경험되고 있는지에 대한 인식을 돕는다.

5) 진행과정
① 최근 한 달 동안 자주 느끼는 감정을 감정카드에서 찾아 선택한다.
② 선택한 감정을 잠시 떠올려 본 후, 해당하는 색상을 색연필에서 선택한다.
③ 신체 윤곽선 도안지를 제시하고, 신체에 선택한 감정을 각 색연필로 색칠한다.
④ ③을 보며 '~의 나'로 제목을 적는다.
⑤ 자신의 작품을 발표하고 느낌을 나눈다.

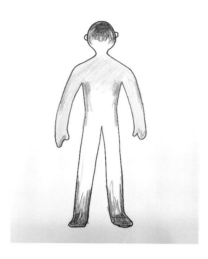

6) 유의점

• 감정카드를 선택할 때, 너무 많은 감정을 선택하지 않도록 하며, 만약 너무 많은 감
  정을 선택했을 때에는 그중에서 5~6개 정도를 다시 선택할 수 있도록 한다.

3. 떠나보내고 싶은 것들~

1) 준비물
8절 와트만지, 아크릴물감, 팔레트 또는 접시, 스펀지, 가위, 풀, 유성매직, 네임펜, 색지(갈색, 주황, 노랑)

2) 대상 및 유형
아동, 청소년, 성인 / 개인

3) 적용 시기
중기

4) 기대효과
내면의 부정적인 감정을 인식하고 해소하는 경험을 한다.

5) 진행과정
① 와트만지에 빨강, 주황, 노랑, 갈색의 아크릴물감을 스펀지로 찍어 두드리듯이 채색한다.

② ①이 마르는 동안 갈색 색지로 나무줄기와 가지를 그려 오리고, 주황, 노랑 색지로는 나뭇잎 모양으로 오린다.

③ ②의 나뭇잎에 네임펜으로 '내 삶에서 버리거나 떠나보내고 싶은 것'이나 '버리고 싶은 습관이나 감정, 태도, 사고방식' 등을 적는다.

- 잠시 나에게 집중해 보세요.
- 내 몸에서 떠나보내고 싶은 것들이 있나요?
- 내 어깨를, 내 목을 무겁게 만드는 것이 있나요?

• 내가 바꾸고 싶은 것들이 있나요?

• 내 안에 어떤 두려움이나 불안한 것들이 있나요?

④ ①에 ②의 오린 나무와 가지를 먼저 붙이고, ③을 가지에서 떨어져 날아가는 느낌으로 붙인다.

⑤ 빈 공간에 유성매직으로 자신에게 긍정적인 힘을 부여해 줄 만한 명언이나 속담 등의 글귀를 적는다.

⑥ 느낌을 나눈다.

6) 유의점

• 상담자는 내담자가 충분히 자신에 대해 집중할 수 있도록 생각의 시간을 주어야 하며, 이 기법을 통해 내담자가 자신의 부정적인 자원들을 인식하고 해소할 수 있도록 도와준다.

• 나뭇잎을 붙일 때 먼저 채색한 아크릴물감이 충분히 마르도록 해야 하며, 스펀지는 사용 시 물을 묻히지 않고 마른 상태에서 사용해야 한다.

4. 마음을 비추는 불빛

1) 준비물
여러 색상의 습자지, 유리병(500ml), 와이어 철사, 냅킨 아트용 접착제, 강모 브러시 (중), 와이어 커터, 티라이트 양초, 라이터

2) 대상 및 유형
아동, 청소년, 성인 / 개인, 집단

3) 적용 시기
중기, 종결기

4) 기대효과
정서적 이완을 통해 긍정적 감정 경험을 촉진한다.

5) 진행과정
① 여러 색상의 습자지를 사각형(3×3cm)으로 잘라 놓는다.
② 유리병에 냅킨 아트용 접착제를 발라 주고 ①을 자유롭게 붙인다.
③ 와이어 철사를 병 입구에 둘러 줄 정도의 길이로 잘라 2개를 준비한다.
④ ③의 하나를 병의 입구에 둘러서 고정시킨다.
⑤ ③의 다른 하나는 ④의 와이어 철사 양쪽에 고정시켜 손잡이를 만들어 준다.
⑥ 완성된 병 안에 티라이트 양초를 넣고 불을 붙인다.
⑦ ⑥을 감상하며 느껴지는 감정에 집중한다.
  • 어떤 감정이 느껴지나요? 그 감정에 잠시 머물러 보세요.
  • 그 감정을 생각하면 떠오르는 기억이 있나요?

- 기억 속의 나는 무엇을 하고 있나요? 몇 살인가요?
- (기억 속의 나에게) 어떤 말을 해 주고 싶은가요?

⑧ 자신의 작품을 소개하고 느낌을 나눈다.

6) 유의점

- 습자지는 사각형태뿐만 아니라 다양한 모양으로 자유롭게 잘라 사용할 수 있다.
- 습자지 대신 여러 색상의 한지를 사용할 수 있으며, 냅킨 아트용 접착제 대신 물풀을 사용할 수 있다.
- 티라이트 양초에 불을 붙인 후에는 상담실 내의 조명을 어둡게 해 준 후 감정에 집중할 수 있도록 도와준다.
- 아동과 함께 진행할 때는 특히 불 사용에 유의해야 한다.

5. 감정 스노우글로브

1) 준비물
유리병(500ml), 피규어(동물, 사람, 자연물 등), 네임펜, 반짝이 가루, 글리세린, 정제수, 글루건, 순간접착제

2) 대상 및 유형
아동, 청소년, 성인 / 개인, 집단

3) 적용 시기
중기, 종결기

4) 기대효과
정서적 감정의 이완과 긍정적 감정 경험을 촉진한다.

5) 진행과정
① 준비된 피규어들 중에서 자신의 일상적인 감정과 연관된 것을 2~3개 선택한다.

② ①을 글루건을 이용하여 유리병 뚜껑에 부착한다.

③ 유리병 안에 원하는 색상의 반짝이 가루를 넣어 주고, 정제수와 글리세린을 7:3의 비율로 넣어 준다.

④ 병 입구에 순간접착제를 바른 후 ②를 덮어 고정한다.

⑤ 완성된 작품을 감상하며, 스노우글로브 안의 나의 감정들에 대해 나눈다.

- 어떤 감정과 연관된 것인가요?
- 그 감정을 선택한 이유는 무엇인가요?
- 피규어를 선택한 이유는 무엇인가요?

• 작품을 보면서 어떤 생각이 떠오르나요? 제목을 붙여 보세요.

6) 유의점

• 피규어를 대신하여 미리 만들어 놓은 아이클레이 작품이나 스티로폼 눈사람 등을 이용할 수도 있다.

• 피규어는 감정을 상징할 수 있는 동물들과 다양한 표정을 나타내는 사람 혹은 일상 생활과 관련지을 수 있는 소품 피규어들을 준비하는 것이 좋다.

• 정제수 대신 한 번 끓인 후 식힌 물을 사용해도 되며, 병 안의 반짝이가 좀 더 느리게 움직이기를 원한다면 글리세린의 양을 늘리면 되지만, 그럴 경우 물이 다소 탁해질 수 있다.

6. 마음을 그리다

1) 준비물
우드락판, 아크릴물감, 접시, 팔레트 나이프(14호), 우드락 커터기, 감정카드

2) 대상 및 유형
아동, 청소년, 성인 / 개인, 집단

3) 적용 시기
중기, 종결기

4) 기대효과
억압된 감정을 표출할 수 있도록 도우며, 외현화된 감정을 탐색한다.

5) 진행과정
① 백색 우드락판은 우드락 커터기를 이용하여 하트모양으로 재단한다.
② 감정카드에서 자신이 표현하고 싶은 감정을 선택한다.
③ 아크릴물감에서 ②를 표현해 줄 수 있는 색상을 5가지 선택하여 ① 위에 자유롭게 짠다.
④ 팔레트 나이프로 ③을 ①에 넓게 펴 바른다.
⑤ ④를 보며 느낌을 나눈다.
⑥ ④ 위에 나의 감정을 지지해 주는 문구를 물감으로 적는다.

6) 유의점

- 물감 색상의 선택은 자유롭게 5가지보다 더 많이 선택할 수 있다.
- 나누기를 할 때 자신이 선택한 감정과 표현된 감정 간의 비교를 통해 내담자가 지각하고 있는 감정의 의미에 대해 탐색할 수 있도록 도와준다.
- 팔레트 나이프는 물감을 바르는 용도로 평 나이프보다 손잡이 부분이 꺾여 있는 것을 사용하는 것이 좋다.

7. 감정 팽이

1) 준비물
CD, 유성매직, 팽이 심(유리구슬 등), 풍선 고정클립, 글루건, 다양한 반짝이 스티커

2) 대상 및 유형
유·아동 / 개인, 집단

3) 적용 시기
중기

4) 기대효과
다양한 감정을 탐색하고 표현함으로써 자기이해를 돕는다.

5) 진행 과정
① 자신이 느끼는 여러 감정에 대해 이야기 나눈다.
  • 언제 그런 감정을 느끼나요?
  • 그 감정들은 어떤 색과 닮았나요?
② CD에 유성매직을 이용해서 감정과 닮은 색으로 칠하고 반짝이 스티커로 꾸민다.
③ ②에 글루건을 이용해 뒷면 동그란 홈에 팽이 심을 고정하고, 반대쪽에는 팽이 손
  잡이를 붙인다.
④ 완성 후 팽이를 돌려 혼합되어 보이는 색들을 관찰하고 느낌을 이야기한다.
⑤ 다양한 감정의 종류와 다양한 색들과의 관계성에 대해 이야기 나눈다.
  • 나의 감정색이 어떻게 보이나요?
  • 팽이가 돌아갈 때 나의 감정색은 어떻게 보이나요?

• 우리의 마음속에 살고 있는 감정의 색들은 얼마나 많을까요?

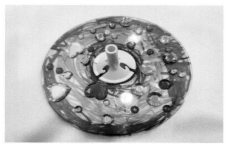

6) 유의점

• 팽이의 다양한 색과 다양한 감정과의 관계성에 주목한다.

• 부정적인 감정과 긍정적인 감정 모두 우리에게 필요한 감정임을 인식하게 한다.

• 휴대전화 조명을 활용하면 시너지 효과를 얻을 수 있다.

8. 감정 로켓

1) 준비물
다양한 색 풍선, 굵은 빨대, 테이프, 노끈, 유성매직, 풍선 고정핀

2) 대상 및 유형
유 · 아동 / 개인

3) 적용 시기
초기, 중기

4) 기대효과
흥미로운 매체 기법으로 감정 분출을 돕고 스트레스를 완화시킨다.

5) 진행 과정
① 원하는 색 풍선을 골라 적당한 크기로 불고, 풍선 고정핀으로 잠시 고정해 놓는다.
② 풍선에 부정적 감정과 부정적 대상의 그림을 그리거나 글자로 표현한다.
③ 굵은 빨대에 노끈을 통과시켜 거리 2.5m 이상되는 벽에 고정시킨다.
④ ①의 풍선을 빨대 한쪽 면에 테이프로 붙인다.
⑤ 고정핀을 빼며 "하나, 둘, 셋" 구령과 함께 풍선을 놓는다.
　　• 풍선을 날릴 때 부정적 대상을 향한 바람에 대한 구령을 넣으면 효과적이다.

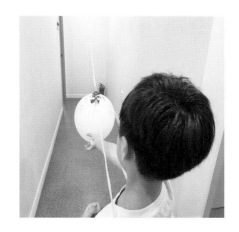

6) 유의점

• 풍선을 너무 크게 불어 그림을 그릴 때 터지지 않도록 유의한다.

9. 무적의 방패

1) 준비물
두꺼운 종이(50cm×50cm), 컴퍼스, 연필, 지우개, 유성매직, 물감, 붓, 팔레트, 스티로폼, 접착제

2) 대상 및 유형
유·아동 / 개인

3) 적용 시기
중기, 후기

4) 기대효과
부정적인 감정을 인식하고 자기돌봄과 자기치유의 기회를 갖는다.

5) 진행 과정
① 자신이 느끼는 부정적 감정에 관해 이야기한다.
  • 화가 나거나 슬프거나 짜증이 나는 일이 있나요?
  • 어떨 때 가장 스트레스 지수가 올라가나요?
② 이러한 자신의 부정적 감정들을 막을 수 있는 방패를 만든다면 어떻게 만들고 싶은지에 대해 이야기 나눈다.
③ 두꺼운 종이에 컴퍼스와 자를 이용해 모양을 그린 후, 힘을 상징하는 이미지를 그려 준다.
④ 유성매직과 물감을 이용해 이미지를 완성한다.
⑤ 스티로폼으로 손잡이를 만들어 방패 뒷면 중앙에 접착제로 고정한다.

6) 유의점

• 방패를 튼튼하게 만들고자 한다면 방패 앞면을 투명 시트지로 감싼다.

10. 스트레스는 사라져라!

1) 준비물
색 종이컵(15개 이상), 무지 종이컵(중이나 대), 풍선, 테이프, 가위, 유성매직, 탁구공, 스티커

2) 대상 및 유형
유·아동, 청소년 / 개인, 집단

3) 적용 시기
초기, 중기

4) 기대효과
내면의 부정적 감정을 외현화시켜 스트레스를 완화한다.

5) 진행 과정
① 나를 힘들게 하는 부정적 감정과 부정적 대상에 관해 이야기한다.
② 다양한 색 종이컵들을 골라 ①을 각각 적고 피라미드 형태로 쌓아 놓는다.
③ 하나의 무지 종이컵에 밑면을 뚫어 내고 부정적 이미지를 날려 버릴 주문을 글이나 그림으로 꾸민다(글과 그림으로 표현하는 것이 불편한 경우 스티커를 사용한다).
④ 풍선 둥근 부분을 가로로 1/3 정도 자르고 공기 주입구를 묶어 준다.
⑤ ③의 종이컵 밑면에 ④의 풍선을 씌워 풍선이 떨어지지 않도록 테이프로 고정한다.
⑥ ⑤의 종이컵 안에 탁구공을 넣고 묶은 풍선을 잡고 늘리며 쌓아 놓은 종이컵 탑을 향해 쏜다.

6) 유의점

• 탁구공을 사람이나 동물 등을 향해 쏘지 않도록 주의가 필요하다.

11. 울고 있는 나에게로 갈게~

1) 준비물
소년·소녀 우드스틱, 색종이접시, 연필, 지우개, 유성매직, 네임펜, 가위, 목공풀

2) 대상 및 유형
청소년, 성인, 노인 / 개인, 집단

3) 적용 시기
중기, 종결기

4) 기대효과
어린 시절 상처 입은 자아탐색을 통해 자기치유와 성장을 경험한다.

5) 진행 과정
① 어린 시절 기억을 떠올려 그때의 감정과 느낌을 회상한다.
- 행복하고 즐거웠던 나를 떠올려 보세요.
- 슬프고, 두렵고, 외로워서 울고 있는 나를 떠올려 보세요.

② ①을 떠올리며 소년, 소녀 우드스틱에 유성매직이나 네임펜으로 어린 나를 그린다.

③ ①의 감정이 일어났던 기억을 구체적(언제, 어디서, 누가, 어떻게, 왜)으로 떠올리고 누군가에게 위로받고 싶었던 말이나 감정을 구체적으로 떠올린다.
- 그 감정은 두려움이었나요? 슬픔이었나요? 외로움이었나요? 등 어떤 감정인가요?
- 누구에게 위로받고 싶었나요?
- 그러한 어린 나에게 어떤 말을 해 주고 싶은가요?

④ 지금의 내가 상처받고 있는 어린 나를 안아 주는 상상을 하며 그것을 그림으로 그
   려 본다.

6) 유의점

• 집단으로 진행한다면 서로에게 힘이 되고 위로가 되는 이야기를 전해 주는 시간을
  갖는다.

12. 힘내라~ 액자

1) 준비물
수수깡, 양면테이프, 우드락 또는 골판지, 사진(그림으로 대체가능)

2) 대상 및 유형
유ㆍ아동, 청소년, 성인 / 개인, 집단

3) 적용 시기
중기, 종결기

4) 기대효과
흥미로운 입체작업을 통해 자연스러운 자기감정 탐색으로 자긍심을 돕는다.

5) 진행과정
① 최근의 부정적 정서를 생각하며 자기 감정을 탐색한다.
② 최근의 부정적 감정을 생각하며 수수깡을 양손으로 작게 부러트린다.
　• 엄지손가락 반절의 크기만큼 계속 부러트리며 한쪽에 모아 놓는다.
③ 우드락이나 골판지로 액자 틀을 원하는 형태로 자르고, 가장자리에 양면테이프를
　붙여 놓는다.
④ 모아 놓은 수수깡을 양면테이프 자리에 붙여 액자를 꾸민다.
⑤ 완성된 액자 속에 준비한 자신의 사진이나 그림을 끼워 넣는다.
⑥ 액자 뒷면에 자신에게 힘내라는 긍정적인 문구를 적는다.

6) 유의점

• 액자가 완성되면 긍정적인 정서로의 전환이 중요하다.

• 사진이 준비되지 못한 경우 자신이 좋아하는 상징물이나 자신을 대신할 수 있는 잡
  지 사진 등을 이용해도 좋다.

13. 감정의 통합

1) 준비물
우드락(3mm나 5mm), 아크릴물감, 붓, 유성매직, 우드락 본드

2) 대상 및 유형
아동, 청소년, 성인 / 개인, 집단

3) 적용 시기
중기

4) 기대효과
자기감정 인식에 어려움을 가진 내담자에게 알아차림을 촉진시키고 긍정적 자기표현을 돕는다.

5) 진행과정
① 가로로 놓인 우드락에 세로 중간지점에 유성매직으로 선을 긋는다.
② 아크릴물감으로 한쪽에는 긍정적 감정색을, 다른 한쪽에는 부정적 감정색을 칠한다.
③ 마르면 반절을 나누어 자른다.
④ 부정적 감정의 우드락을 손으로 부순다.
- 짜증과 스트레스, 화가 나는 감정을 떠올리며 부수어 보세요.
⑤ 마음껏 부순 우드락을 긍정면에 자유롭게 붙인다.
⑥ 작품의 제목을 짓고 피드백을 나눈다.
- 부정적 감정에는 어떤 것들이 있었나요?
- 긍정적 감정에는 어떤 것들이 있었나요?

• 부정적 감정을 부술 때 기분이 어땠나요?

• 완성된 작품이 어떻게 보이나요?

6) 유의점

• 부정적인 감정을 떠올리며 우드락을 부술 때 내담자가 충분히 해소할 수 있도록 편안한 분위기를 제공하도록 한다.

• 우드락을 통합하여 하나의 작품으로 만드는 행위는 '다양한 감정들을 통합시켜 봄으로써 자신의 다양한 면을 받아들이고자 하는 데'에 목적이 있다.

• 우드락의 크기는 내담자의 특성에 맞게 크기를 정한다.

14. 상자 속 감정 이야기

1) 준비물
상자(소), 색종이, 가위, 풀, 양면테이프, 나를 상징하는 상징물

2) 대상 및 유형
아동, 청소년, 성인 / 개인, 집단

3) 적용 시기
중기, 종결기

4) 기대효과
간접적 자기감정 표현을 도와 내면의 양가적 감정을 인식하고 통합한다.

5) 진행과정
① 색종이를 이용해 자연스럽게 떠오르는 다양한 감정에 대해 색종이 색을 선택하여 접거나 오리거나 자유로운 모양으로 만든다.
② 한 주 동안 느꼈던 자신의 기분과 감정의 종류에 대해 이야기 나눈다.
③ 상자 안에 '나를 상징하는 상징물'을 넣는다.
④ 상자 겉면에는 '남이 보는 나'를, 상자 안쪽에는 '내가 보는 나'를 생각하며 미리 만들어 놓은 ①의 색종이를 이용하여 붙이고 꾸민다.
⑤ 완성된 작품으로 자신을 소개한다.
- '남이 보는 나'의 기분과 감정이 어떻게 보여지는 것 같나요?
- '내가 보는 나'의 기분과 감정은 어떻게 보이나요?
- '남이 보는 나'와 '내가 보는 나'의 기분과 감정에 어떤 차이점이 있어 보이나요?

• 평소 자신의 기분과 감정은 어느 쪽으로 더 가까워 있는 것처럼 보이나요?

  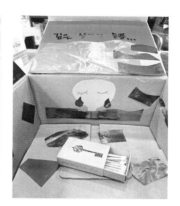

6) 유의점

• 앞 회기에서 미리 상담자는 내담자에게 자신을 상징할 수 있는 물건을 가져와 작업
할 수 있도록 한다.

15. 감정 스틱

1) 준비물
설압자(우드스틱), 아크릴 펜, 보석스티커, 8절 켄트지, 오공본드 또는 접착제, 감정카드

2) 대상 및 유형
아동, 청소년, 성인 / 개인, 집단

3) 적용 시기
중기

4) 기대효과
흥미로운 매체를 이용한 내면의 감정표현 유발로 자기감정을 인식하고 통합한다.

5) 진행과정
① 감정카드를 이용하여 자신의 주된 감정을 고른다.
② ①을 참고하여 우드스틱을 이용해 자신만의 감정 캐릭터를 그린다.
③ 완성 후 각각의 캐릭터 이름을 짓고 각 캐릭터의 특징에 대해 이야기를 나눈다.
④ 화지 위에 위의 캐릭터들을 이용해 하나의 작품을 구성하고 이야기를 만들어 본다.
⑤ 완성 후 작품에 대한 소개를 하고 피드백을 나눈다.
- 각 캐릭터의 감정을 소개해 주세요.
- 각 캐릭터의 특징과 특성을 말해 주세요.
- 작품의 제목을 짓는다면?
- 캐릭터 중 어떤 감정 캐릭터가 주된 캐릭터인지?
- 감정 캐릭터 중 자신의 마음에 드는 캐릭터를 고른다면?

• 감정 캐릭터 중 자신의 마음에 들지 않는 캐릭터를 고른다면?

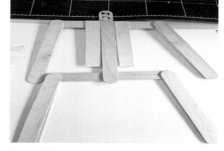
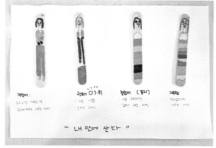

6) 유의점

• 다양한 감정 찾기와 자기표현에 어려움이 있을 수 있으므로, 미리 감정 표정이 담겨 있는 차트를 준비하여 제공하는 것이 좋다.
• 우드스틱은 네임펜이나 아크릴 펜처럼 표현이 잘 되는 것을 사용하여 작품에 대한 완성도를 높여야 자신감이 생긴다.

16. 내 마음을 알아줘!

1) 준비물
16절 부직포 펠트 원단(12색 정도), 가위, 접착제(오공본드나 우드락 본드), 8절 또는 4절 우드락(3mm)

2) 대상 및 유형
아동, 청소년, 성인 / 개인

3) 적용 시기
중기

4) 기대효과
매체 촉감에 의한 정서적 안정감으로 내면의 정서와 감정의 통합을 돕는다.

5) 진행과정
① 편안한 음악을 감상하며 스트레칭을 한다.
② 지금−여기에서의 자신의 기분과 감정에 대해 충분히 탐색한다.
   • 오늘 아침 눈을 떴을 때의 기분은?
   • 지금 이 순간 떠오르는 기분과 감정은?
③ 자신의 기분에 끌리는 부직포 펠트 색을 선택하여 원하는 모양으로 자유롭게 오린다.
④ ③을 우드락 위에 재구성하여 꾸민다.
⑤ 완성 후 제목을 붙이고 자신의 작품을 소개한다.
   • 제목에 대한 설명을 해 주세요.
   • 부직포 펠트를 만질 때의 느낌은 어떠했나요?

- 내가 좋아하는 색은 무엇인가요? 이유는?
- 작업하며 떠오르는 생각이나 느낌이 있었나요?

6) 유의점

- 지금, 여기에서 느끼는 감정으로 작품을 만드는 과정이 중요하므로 편안한 분위기에서 자연스럽게 작업의 흐름을 따라가도록 이끄는 것이 필요하다.
- 오늘 자신의 감정을 인식하지 못하는 내담자에게는 상담자가 먼저 오늘의 감정을 자연스럽게 이야기하며 진행한다.

17. 표정으로 말해요

1) 준비물
액자틀(소), 아이클레이, 오공본드

2) 대상 및 유형
아동, 청소년, 성인 / 개인, 집단

3) 적용 시기
중기

4) 기대효과
다양한 얼굴 표정을 통해 자기감정 인식과 타인과의 관계성에 긍정적 효과를 가져온다.

5) 진행과정
① 눈, 코, 입을 찡그리거나 벌리며 얼굴 전체를 자유롭게 움직이며 놀아 본다.
② 다양한 감정에 따라 다르게 표현되는 얼굴 표정에 대해 이야기를 나누며 각각의 표정을 지어 본다.
  • 웃는 표정, 우는 표정, 놀란 표정, 불안한 표정, 기쁜 표정, 행복한 표정, 화나는 표정, 따분한 표정, 당황하는 표정, 졸리는 표정 등
③ 아이클레이로 다양한 얼굴 표정들 중 자신이 만들고 싶은 표정들을 만든다.
④ ③을 준비된 액자에 구성하여 접착제로 고정한다.
⑤ 완성이 되면 작품에 이름을 붙이고 소개한다.
  • 다양한 얼굴 표정 중 어떤 표정이 가장 자신의 마음에 드나요? 이유는?
  • 최근의 나는 어떤 얼굴 표정을 짓고 있었을까요?

• 우리 가족구성원들의 얼굴 표정을 찾아볼까요?

6) 유의점

• 표정 만들기를 어려워하는 내담자들에게는 미리 표정 차트를 준비하여 제시해 주도
록 한다.

• 도입 단계에서 충분한 신체와 얼굴의 이완 작업을 놀이로 진행하여 편안하게 자기
표현을 할 수 있도록 돕는다.

18. 내 안의 이것은?

1) 준비물
8절 켄트지(개인당 2장씩), 사인펜, 색연필, 크레파스, 유성매직

2) 대상 및 유형
아동, 청소년, 성인 / 개인, 집단

3) 적용 시기
중기

4) 기대효과
부정적 감정 표출을 통한 자기인식과 자기표현으로 건강한 소통에 도움을 준다.

5) 진행과정
① 명상을 통해 마음 근육을 이완하는 작업을 천천히 진행한다.
- "눈을 감고 천천히 호흡합니다. 코로 깊게 숨을 들이마시고 천천히 입으로 내쉽니다. 지금 나는 스트레스 상황을 떠올려 볼 것입니다. 최근 나를 화나게 했던 일을 떠올려 보세요…… 누구에 의해 힘들었나요? 부모님인가요? 친구인가요? 선생님인가요?…… 어떤 감정이 올라오나요? 잠시 그 장면에 머무릅니다…… 하나, 둘, 셋…… 자, 이제 눈을 떠 현실로 돌아옵니다."
② 떠올랐던 스트레스 상황을 화지에 그림으로 표현한다.
③ 화지 빈 곳에 자신의 스트레스 지수를 온도계 모양으로 표시한다.
④ 자신의 스트레스에 이름을 붙인다.
⑤ 자신의 그림과 스트레스 지수를 집단원에게 소개하고 짝과 함께 그림을 바꾼다.

⑥ 짝의 그림에 힘이 되는 글이나 그림을 추가하여 그려 준다.

⑦ 자신의 작품을 집단원에게 소개한다.

⑧ 소감을 나누고 마무리한다.

6) 유의점

• 집단 상황에서는 짝꿍과 함께 그리도록 하고, 개인 상담 시에는 상담자와 함께 진행
　하도록 한다.

19. 나의 분노 덩어리

1) 준비물
점토, 점토도구, 켄트지 또는 8절 우드락(3mm), 이쑤시개 외, 물티슈

2) 대상 및 유형
아동, 청소년, 성인 / 개인, 집단

3) 적용 시기
중기

4) 기대효과
상징물 투사를 통한 내면의 불안과 분노의 부정적 감정을 발산하고 치유하는 과정을 돕는다.

5) 진행과정
① 점토를 우드락판 위에서 충분히 탐색한다(밀기, 누르기, 치기, 굴리기, 말기, 뜯기, 찌르기, 자르기 등).
② 점토로 떠오르는 화 또는 분노 덩어리를 상징물로 만든다.
③ 작품에 제목을 정하고 소개한다.
④ 소감을 나눈다.
  • 점토를 만질 때의 기분이 어땠나요?
  • 나의 분노 덩어리가 충분히 표현됐나요?
  • 분노 덩어리를 보고 든 생각은 무엇인가요?
  • 나의 분노 덩어리를 어떻게 하고 싶나요?

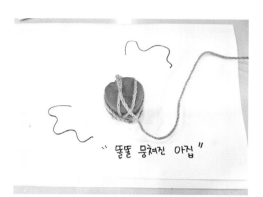

6) 유의점

• 작품 소개 후, 자신의 분노 덩어리를 뭉개 버리거나 일정한 장소에 던지는 활동을
해도 좋다. 마지막으로 소감 나누기 시간을 갖는다.

20. 터져라, 얍!

1) 준비물
다양한 크기의 실리콘 테이프, 가위, 유성매직, 다양한 스티커

2) 대상 및 유형
유·아동, 청소년 / 개인, 집단

3) 적용 시기
중기

4) 기대효과
일상에서 인식하지 못했던 부정적 감정을 긍정적 감정으로 전환하여 잠재되어 있던 내면의 스트레스를 줄인다.

5) 진행과정
① 부정적 감정이 일어났던 경험을 이야기해 본다.
② 실리콘 테이프를 만지며 촉감과 기분을 이야기 나눈다.
③ 실리콘 테이프로 원하는 개수만큼 풍선을 만든다.
④ 스티커와 유성매직을 이용하여 풍선에 부정적 감정을 투사하는 작업을 한다.
⑤ ④의 풍선에 이름을 붙이고 소리와 함께 양손으로 풍선을 힘껏 터트린다.
⑥ 활동에 대한 감상과 소감을 나눈다.
   • 풍선에 붙여 준 이름의 의미는?
   • 부정적 감정은 어떨 때 일어났나요?
   • 풍선을 터트릴 때의 기분은?

6) 유의점

• 실리콘 풍선은 표면이 매끈한 곳이나 다른 물건에 잘 붙고 쉽게 터지는 특성을 가지고 있으므로 유의하여야 한다.

• 손끝의 촉감에 집중해 놀거나, 다른 풍선들끼리 뭉쳐 또 다른 모양을 만들어 낼 수 있다.

• 표면 전체에 매직펜으로 칠하거나, 전분·밀가루를 발라 주면 바닥에 잘 붙지 않고 또 다른 촉감을 느낄 수 있다.

• 테이프 크기별로 다양한 모양의 형태를 만들 수 있어, 내담자의 창의성을 유도하여 자기 주도적 확장작업으로 이끌어도 좋다.

21. 상처받은 나

1) 준비물
지점토, 여러 가지 부재료, 켄트지나 우드락판

2) 대상 및 유형
청소년, 성인 / 개인, 집단

3) 적용 시기
초기, 중기

4) 기대효과
직면하기 두렵고 힘든 감정을 비정형 매체를 통해 안전하게 표현하고 정서적 지지로 자아의 통합을 갖는다.

5) 진행과정
① 조용한 음악을 들으며 나의 힘들었던 과거 경험과 감정을 떠올린다.
② 지점토의 촉감을 충분히 느끼며 심리적으로 이완됨을 느낀다.
③ 과거 '상처받은 나'를 형상화한다.
④ 완성되어 작품화된 '나'를 소개한다.
  • 제목을 지어 준다면?
  • 어떤 느낌이 드나요?
  • 나는 '상처받은 나'에게 어떤 말을 해 주고 싶은가요?
  • 타인은 '상처받은 나'에게 어떤 말을 해 주고 싶을까요?
  • 이 상처에서 벗어나기 위해 필요한 것은 무엇일까요?

• 아픈 상처를 치료하기 위한 방법은 무엇이 있을까요?

 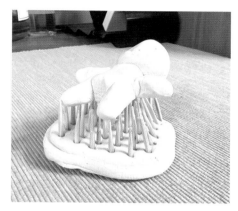

6) 유의점

• 본 회기는 자신의 아픈 상처를 드러내고 약을 바른 후 상처를 덮어 주는 계기가 되어야 하므로, 반드시 자신에게 토닥토닥해 주는 긍정적인 마무리가 중요하다.

22. 펑펑!

1) 준비물
수정토 불린 것, 대형 주사기, 풍선, 채반(소, 중), 깔대기, 쟁반, 전지나 2절 켄트지, 유성매직

2) 대상 및 유형
아동 / 개인

3) 적용 시기
초기, 중기

4) 기대효과
정서적 이완과 더불어 억압된 욕구를 표출하고 해소할 수 있다.

5) 진행과정
① 물에 불려 둔 수정토의 촉감을 느끼며 가지고 논다.
② 수정토를 양손으로 강하게 쥐어 으깨거나 채반을 사용해 잘게 부순다.
③ 주사기에 수정토를 넣고 풍선 입에 주사기로 밀어내며 넣는다.
④ 풍선에 매듭을 지어 말랑거리는 풍선으로 촉감놀이를 한다.
⑤ 풍선에 '나를 화나게 만드는 말'이나 '미운 사람에게 해 주고 싶은 말' 또는 '내가 원하는 것'을 적는다.
⑥ 벽에 과녁을 그리고 ⑤의 내용을 외치며 과녁을 향해 풍선 말랑이를 던진다.
⑦ 자리를 정리하고 느낌을 나눈다.

6) 유의점

• 깨지지 않은 수정토를 풍선에 먼저 넣고 주무르거나 때려 으깰 수 있다.

23. 나를 화나게 하는 것

1) 준비물
점토, 점토도구, 전지, 비닐, 유성매직

2) 대상 및 유형
아동, 청소년 / 개인, 집단

3) 적용 시기
중기

4) 기대효과
분노의 감정을 분출하여 '화'를 표현하고 조절하는 방법에 대해 이해하고 스트레스를
완화한다.

5) 진행과정
① 벽에 전지를 붙이고 과녁을 그린다.
② 전지 위에 투명 비닐을 벽 길이보다 길게 잘라 점토가 떨어지는 바닥까지 덮는다.
③ 점토를 만지며 충분히 탐색한다.
④ 화가 났던 경험과 감정을 이야기하고, 화가 났던 감정을 떠올리며 과녁을 향해 점
　토를 힘껏 던지는 놀이를 한다.
⑤ ④의 놀이를 충분히 한 후, 바닥에 떨어져 있는 점토를 모두 모아 자유 작품을 만든다.
⑥ 작품 제목을 짓고 이야기 나눈다.
　　• 점토 던지기 놀이를 할 때 기분은 어땠나요?
　　• 지금 기분은 어떤가요?

• 완성된 작품과 화의 감정과는 어떤 연관성이 있어 보이나요?

⑦ '화'의 감정을 표현하는 방법에 대해 이야기 나누고 정리한다.

• 화는 자연스러운 감정이에요. 그런데 화를 어떻게 내느냐가 중요해요.

• 화가 난 감정을 표현할 때 상대방을 비난하기보다는 그 상황에서 자기가 느꼈던 기분을 전달하세요.

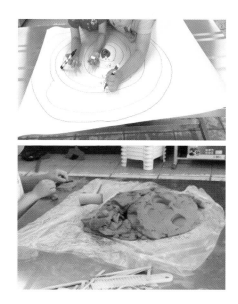

6) 유의점

• 딱딱한 점토는 던져도 비닐에 잘 붙지 않고 쉽게 떨어지고, 너무 묽은 점토는 점토가 사방으로 튀므로 점토 농도가 적절해야 한다.

※ 화가 난 감정을 표현하는 단계

내가 느낀 감정(나는 ~한 기분이야) / 나의 욕구 표현(나는 ~하고 싶어) / 화가 나는 이유 (나는 ~가 느껴져서 화가 나) / 책임지기(나의 잘못에 대하여 사과하기, 미안해, 나도 ~했어) / 요청하기(앞으로 나도 ~할 테니 너도 ~해 줄 수 있니?)

24. 조각 감정

1) 준비물
8절 와트만지(6~8조각), 수채물감, 붓, 팔레트, 물통, 사인펜, A4용지, 감정카드

2) 대상 및 유형
아동, 청소년, 성인 / 개인, 집단

3) 적용 시기
중기

4) 기대효과
복합적 내면의 감정을 의식화하고 표현하여 자아의 통합을 가져온다.

5) 진행과정
① 조용한 음악과 함께 상담자의 내레이션으로 신체적, 심리적 이완의 시간을 가진 후 오늘의 기분과 감정의 색과 형태를 떠올린다.
- "잠시 눈을 감고 들숨과 날숨으로 호흡을 가다듬어 봅니다. 당신의 몸은 중력에 의해 바닥으로 가라앉습니다. 어깨와 팔, 척추, 그리고 다리가 바닥에 편안히 닿아 있습니다. 오늘 하루의 시간을 떠올려 봅니다. …… 색으로 표현한다면 무슨 색이 떠오르나요? 여러 가지 색이어도 좋습니다. …… 선과 형태로 표현한다면 어떤 선들과 형태가 떠오르나요? 당신은 잠시 떠오르는 색과 형태에 머물러 있습니다. …… 이제 눈을 뜨세요."

② 와트만지 조각 6개 또는 8개를 화지에 각각 원하는 색과 형태로 그림을 그린다.
③ ②의 그림이 마르면 뒷면에 그림에서 느껴지는 감정을 단어로 적는다.
④ A4용지에 ③의 감정단어들로 문장을 짓는다.

⑤ 문장을 발표하고 그 느낌을 이야기 나눈다.

⑥ 공감과 지지, 격려를 잊지 않는다.

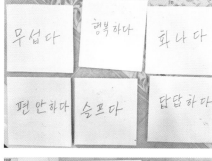

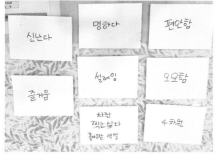

6) 유의점

• 집단원과 상담자의 공감과 지지, 격려로 내담자의 부정적인 감정의 내용들도 내담자의 내적자원이 되고 있음을 알게 한다.

제 **5** 장

대인관계

1. 물고기 가족 이야기

1) 준비물
파란색 부직포, 8절 켄트지, 투명 반구, 색연필, 사인펜, 양면테이프, 비즈 스티커, 가위

2) 대상 및 유형
유・아동, 청소년 / 개인, 집단

3) 적용 시기
초기, 중기

4) 기대효과
가족구성원의 역동과 가족 내 자기역할을 인식하는 계기를 갖는다.

5) 진행과정
① 투명 반구 크기에 맞추어 화지를 둥글게 오린다.
② ①의 화지에 우리 가족 물고기를 표현한다.
  • 우리 가족이 만약 바다에 사는 생물이라면 어떤 모습일까요? 아빠는? 엄마는?
③ 부직포를 어항 모양으로 오린다.
④ ③의 부직포에 ②의 화지를 붙인다.
⑤ 투명 반구 가장자리에 양면테이프를 이용하여 화지 위에 덮는다.
⑥ 반구 주변을 비즈 스티커로 꾸며 주고 완성한다.
⑦ 제목을 정하고 작품에 대하여 이야기 나눈다.
  • 우리 가족구성원들을 어떻게 표현했나요? 그 이유는?
  • 자신은 어디에 있나요?

- (가족구성원이 그려진 위치와 하고 있는 일을 보며) 어떻게 보이나요? 어떤 기분이 느껴지나요?
- (가까이 있는 가족구성원을 보고) 두 물고기가 같이 있는 모습이 어떻게 보이나요?
- (멀리 있는 가족원에 대해) 다른 물고기들과 떨어져 있는 모습이 어떻게 보이나요?

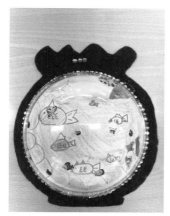  

6) 유의점

- 둥글게 오린 화지에 그림을 그릴 때 반구가 붙을 지점에 대해 알려 주고 이를 인지하며 그림을 그릴 수 있도록 한다.
- 자신의 가족구성원의 특징을 잘 탐색하고 표현할 수 있도록 돕는다.

2. 동물 가족

1) 준비물
4절 켄트지, 색연필, 사인펜, 여러 종류의 동물 피규어

2) 대상 및 유형
유·아동, 청소년 / 개인

3) 적용 시기
초기, 중기

4) 기대효과
가족구성원의 역동과 가족 내 자기역할을 인식하는 계기를 갖는다.

5) 진행과정
① 다양한 동물 피규어를 탐색한 후, 자신의 가족구성원에게 어울리는 동물들을 선택
한다.
② 4절 켄트지에 색연필, 사인펜을 이용하여 동물들이 사는 배경을 그린다.
③ ①을 ②의 그림 위에 배치한다.
④ ③을 바라보며 이야기를 나눈다.
- 각 가족구성원을 소개해 주세요.
- 동물 가족을 보니 어떤 생각이 드나요? 느낌이 어떤가요?
- 나는 어디에 있나요?
- 나의 위치에 만족하나요? 불만족스럽다면 어디에 있으면 더 좋을 것 같나요?
- 위치를 바꾸고 싶은 동물이 있나요? 이유는 무엇인가요?

⑤ 동물을 재배치한다.

⑥ ⑤에 대한 느낌을 나눈다.

　　• 바꾼 위치에 대한 느낌을 이야기해 주세요.

　　• 동물들의 모습을 보며 어떤 생각이 드나요?

　　• 조금 전과 무엇이 달라졌나요? 그것이 의미하는 것은 무엇일까요?

6) 유의점

• 가족 간 상호작용 및 역동의 관계를 좀 더 구체적으로 살펴볼 수 있는 기법이다.

• 피규어를 재배치해 봄으로써 가족 간 상호작용의 변화와 영향을 좀 더 직접적으로
　경험할 수 있다.

3. 우리가 속한 우주

1) 준비물
4절 켄트지, 전지 켄트지, 수채물감, 팔레트, 붓, 가위, 풀

2) 대상 및 유형
아동, 청소년 / 집단

3) 적용 시기
초기, 중기

4) 기대효과
거시체계 안에서 서로의 차이점과 공통점을 발견하고 상호작용으로 관계를 촉진한다.

5) 진행과정
① 4절 화지에 둥근 접시나 컴퍼스를 이용하여 지름 30cm 정도의 둥근 원을 그린다.
② 우주에서 바라보는 자신의 소행성의 모습을 상상하여 그리고 오린다.
③ 전지에 집단원이 함께 우주공간을 떠올리며 물감으로 채색을 한다.
④ ③에 흰 물감을 묻힌 붓을 다른 붓으로 톡톡 치면서 별을 표현한다.
⑤ ④에 ②를 원하는 위치에 붙이고 완성한다.
⑥ 작품을 벽에 붙이고 느낌을 나눈다.
- 작품의 제목을 붙인다면?
- 자신의 행성과 다른 사람의 행성의 차이점이 있다면? 공통점이 있다면?
- 자신이 살고 싶은 행성이 보이나요? 어떤 행성에서 살고 싶은가요?

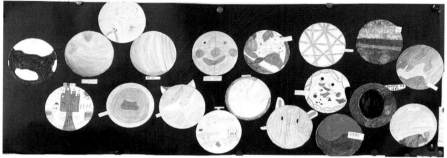

6) 유의점

• 거대한 우주의 체계 속에서 상호작용 관계임을 인식하게 한다.

• 소행성의 크기와 모양을 크고 작게 다양하게 하여 개인과 집단 간 역동을 좀 더 파
악할 수 있다.

• 전지에 물감을 채색하기 전에 흰색 크레파스나 노란색 크레파스로 크고 작은 별을
그리고 물감을 채색하면 별이 도드라져 보인다.

4. 집단 모자이크 퍼즐

1) 준비물
4절 켄트지(집단원 수만큼), 색종이 조각(2×2cm), 풀, 색연필, 사인펜

2) 대상 및 유형
아동, 청소년 / 집단

3) 적용 시기
초기, 중기

4) 기대효과
상호작용을 촉진하고 협력적 관계의 긍정적 경험을 촉진한다.

5) 진행과정
① 상담자는 인원수만큼의 4절지를 펼쳐서 합쳤을 때 하나의 그림이 되도록 도안을
   그려 준비한다.
   • 이때 4절지는 펼쳤을 때, 큰 사각형 형태가 되어야 한다. 만약 한 장이 부족할 경우에는
     여분을 준비하여 사각형이 되도록 한다.
② 상담자는 여러 색상의 색종이를 2×2cm 사이즈의 타일 형태로 오려서 준비한다.
   • 색종이 조각은 그룹원이 도안에 충분히 붙일 수 있을 만큼 준비해야 한다.
③ 준비된 도안을 집단원에게 나누어 준 후, 각자 4절지에 그려진 도안에 자유롭게 색
   종이 조각을 붙인다.
④ 제한된 시간이 부족한 경우, 남은 부분은 색연필, 사인펜을 이용하여 채색한다.
⑤ 각자 완성한 그림을 연결하여 퍼즐을 맞춘다.

⑥ 완성된 작품을 감상하며 느낌을 나눈다.

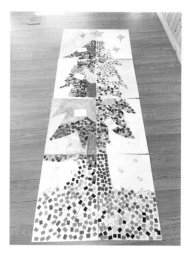

6) 유의점

• 이 기법은 서로 다른 각자가 하나로 합쳐졌을 때 아름답고 멋진 하모니를 이룰 수
  있음을 인식함으로써 공존과 더불어 사는 세상에 대해 경험할 수 있도록 하는 데 의
  의가 있다. 작품활동 후 집단원과 이 부분에 초점을 두어 나누기를 하는 것이 좋다.

5. 플레이 콘 조형물

1) 준비물
컬러 종이접시, 플레이 콘, 색연필, 사인펜, 비즈 스티커, 물티슈

2) 대상 및 유형
유 · 아동, 청소년 / 개인, 집단

3) 적용 시기
초기, 중기

4) 기대효과
상호작용을 촉진하고 사고의 유연성을 확장시킨다.

5) 진행과정
① 플레이 콘을 손으로 만져 보며 촉감에 대한 느낌을 나눈다.
② 상담자와 가위바위보를 하여 이긴 사람이 먼저 플레이 콘 하나를 종이접시에 붙인다.
③ 상담자와 내담자가 번갈아 가며 플레이 콘을 붙인다(이때 어떤 구체적 모습을 상상하지 않고 자유롭게 붙이도록 안내함).
④ 어느 정도 형태가 마무리된 후에는 내담자가 좀 더 붙이고 싶은 곳에 추가적으로 붙이거나 비즈 스티커로 장식을 한다.
⑤ 완성된 작품에서 연상되는 것들에 대해 이야기를 나누고 제목을 붙인다.
   • 무엇이 떠오르나요?
   • 어떤 부분이 그것을 떠올리게 하나요?

• 마음에 드는 부분은 어디인가요? 그 이유는?

• 수정했으면 하는 부분은 어디인가요? 그 이유는?

• 이름을 무엇이라고 붙이고 싶은가요?

• 이것은 앞으로 어떻게 될 것 같은가요(또는 어떻게 되었으면 하나요?)

 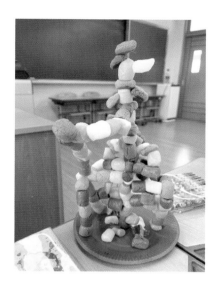

6) 유의점

• 내담자와 번갈아 작업을 할 때, 상담자는 내담자가 좀 더 자유롭게 붙여 나갈 수 있
도록 리드를 해야 하며, 너무 높이 올라가는 구조물의 경우 꺾이거나 넘어질 수 있
기 때문에 상담자는 자연스럽게 보강해 주는 역할을 해야 한다.

6. 선 이어 그리기

1) 준비물
4절 켄트지, 색연필, 사인펜

2) 대상 및 유형
유·아동, 청소년 / 개인, 집단

3) 적용 시기
초기, 중기

4) 기대효과
긴장을 이완시키고 상호작용을 촉진하며, 내적심상을 탐색한다.

5) 진행과정
① 상담자와 내담자가 각각 원하는 색상의 색연필을 선택한다.
② 가위바위보를 해서 이긴 사람이 먼저 선을 긋는다.
③ 다음 사람이 선이 끝나는 점에서 연결하여 선을 긋는다.
④ 서로 번갈아 가며 선이 끝나는 점에서 연결하며 난화를 그린다.
⑤ 어느 정도 난화가 그려지면 난화에서 숨은 이미지를 상담자와 번갈아 가며 각각
   5~7개씩 찾아본다(이때 도형, 숫자, 문자를 제외하고 이미지를 찾도록 제시한다).
⑥ 찾은 이미지를 화지 상단에 적고, 그것을 소재로 하여 이야기를 만든다.
⑦ 제목을 정하고 이야기에 대하여 서로 나눈다.
   • 이야기 속에서 느낀 점은 무엇인가요?
   • 이야기를 통해 우리가 알 수 있는 것, 깨달은 것은 무엇인가요?

• 이야기 결말이 달라질 수 있다면 무엇이 바뀌어야 하는가요?

• 찾은 이미지들이 어떤 느낌이 드는가요?

• 내가 이야기의 주인공이라면 어떻게 할 것인가요?

 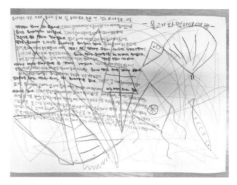

6) 유의점

• 일반적인 난화 그리기를 어려워하며, 긴장을 많이 하거나 경직된 내담자를 대상으로 쉽게 난화를 그릴 수 있도록 하는 방법이다.

• 이야기를 만들 때에는 내담자가 혼자 이야기를 만들어 나갈 수도 있지만 상담자와 번갈아 가며 이야기를 만들 수도 있다.

• 상담자는 내담자의 이야기 전개에서 사고가 확장되고 새로운 면을 발견할 수 있도록 이야기를 유도함으로써 인식 전환의 계기를 마련할 수 있다.

7. 모자이크 난화

1) 준비물
도트 스티커(여러 색), 8절 켄트지, 색연필, 사인펜

2) 대상 및 유형
유·아동, 청소년 / 개인, 집단

3) 적용 시기
초기, 중기

4) 기대효과
상호작용을 촉진하고, 사고의 확장을 돕는다.

5) 진행과정
① 상담자와 내담자가 각각 원하는 색상의 도트 스티커를 선택한다.
② 가위바위보를 해서 이긴 사람이 먼저 스티커를 원하는 위치에 하나 붙인다.
③ 다음 사람이 이어서 스티커를 원하는 위치에 붙인다.
④ 서로 번갈아 가며 스티커를 붙여 나간다.
⑤ 어느 정도 스티커를 붙여 이미지가 완성되면, 연상되는 것들에 대해 이야기를 한다.
⑥ 연상된 것 중 하나를 정하여 색연필, 사인펜을 사용하여 그림을 완성한다.
⑦ 제목을 정하고 느낌을 나눈다.

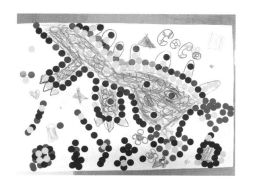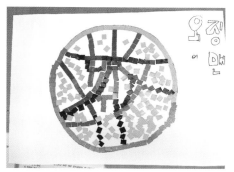

6) 유의점

• 스티커를 서로 붙여 나가면서 상호작용을 촉진하는 작업으로, 상담자는 내담자가
  붙이는 것을 보면서 좀 더 확장될 수 있도록 반응해 주는 것이 좋다.

8. 재미있는 얼굴

1) 준비물
OHP필름지(A4), 아크릴물감 도구, 우드락, 양면테이프, 꾸미기 스티커, 유성매직 12색

2) 대상 및 유형
유 · 아동, 청소년 / 개인, 집단

3) 적용 시기
중기

4) 기대효과
상호작용을 촉진하고, 긍정적인 의사소통을 경험한다.

5) 진행과정
① 우드락은 액자 형태로 재단하고, OHP필름지를 양면테이프를 이용하여 우드락 액자틀에 고정하여 붙인다(상담자와 내담자 각각 2개를 준비한다).
② ①을 얼굴 가까이에 대고 다른 한 명은 아크릴물감으로 ①에 보이는 상대방의 얼굴을 그려 준다.
③ ②를 서로 바꿔 그린다.
④ 자신이 그린 완성된 그림에 꾸미기 재료로 꾸민다.
⑤ 액자틀도 꾸며 주고, 하단에 상대방에게 주는 긍정의 메시지를 적는다.
⑥ 완성된 작품을 서로 교환한다.
⑦ 작품을 감상하며 느낌을 나눈다.

6) 유의점

• 상대방의 얼굴을 꾸밀 때, 지나치게 장난스럽게 하거나 비하하는 등의 모습이 나타
나지 않도록 주의가 필요하다.

• 집단의 경우, 집단원들에게 먼저 친구 간에 지켜야 할 존중의 태도에 대해 숙지시키
고 진행하는 것이 좋다.

9. 가족 역사책

1) 준비물
와트만지(A4), 필기도구, 색연필, 사인펜, 종이테이프, 마스킹테이프

2) 대상 및 유형
가족 / 집단

3) 적용 시기
초기, 중기

4) 기대효과
가족의 상호작용과 긍정적인 관계를 촉진한다.

5) 진행과정
① 와트만지의 각 장과 장을 종이테이프로 연결하여 붙인다. 페이지가 가족원 수의 2배가 될 수 있도록 준비한다(예를 들면, 4인 가족이면 4장이 되게 붙인다).
② 종이테이프로 붙여 준 부분은 마스킹테이프를 이용해 깔끔하게 정리한다.
③ 노트 겉면에 자신의 이름을 쓰고 좌측에 있는 가족원에게 각각 전달한다.
④ 노트를 받은 가족원은 노트 주인공에 대한 좋은 기억이나 경험을 이미지와 글로 표현한다.
⑤ 다시 노트를 좌측으로 전달하여 ④를 표현한다(가족구성원이 모두 돌아가며 표현한다).
⑥ 마지막으로 노트 주인공 앞에 오게 되면 마무리된다.
⑦ 가족이 표현해 준 그림을 감상하며 글을 읽는다.
⑧ 가족이 돌아가며 소감을 나눈다.

6) 유의점

- 이미지로 묘사하는 것을 어려워하는 가족원의 경우, 글로만 기록하는 것도 가능하다.
- 노트를 만드는 대신 무선노트를 준비하여 사용할 수 있으며, 다른 방식의 노트 만들기 방법도 사용할 수 있다.

10. 우리들의 아지트

1) 준비물
점토, 지점토, 수수깡, 우드락, 꾸미기 재료

2) 대상 및 유형
청소년, 성인 / 개인, 집단

3) 적용 시기
초기, 중기

4) 기대효과
집단원과의 의사소통과 응집력을 촉진한다.

5) 진행 과정
① 집단원들과 협동하며 만들 수 있는 아지트(공간)를 생각하고 이야기를 나눈다.
② 아지트의 내·외부에 '꼭 필요한 것, 있으면 좋을 것'을 정한다.
③ 점토와 지점토로 아지트를 만든다.
④ 완성하고 집단별 자신들의 아지트를 발표한다.

• 아지트 이름은?

• 작업을 하면서 집단원에게 받았던 도움이나 좋았던 점은?

• 우리의 아지트에 '꼭 필요한 것, 있으면 좋을 것'은 무엇이었나요? 그 이유는?

• 우리의 아지트에 초대하고 싶은 사람이 있다면?

• 우리의 아지트에서 하고 싶은 일은?

6) 유의점

• 집단일 경우 아지트 꾸미기를 위해 필요한 것에 대해 충분히 이야기를 나눈다.
• 집단원 간에 충분한 의사소통을 나누고 협동할 수 있도록 진행한다.

11. 움직이는 작은 집

1) 준비물
비닐우산, 투명 아스테이지, 색 시트지, 스티커, 페인트 마커, 가위, 양면테이프, 집 모양 사진

2) 대상 및 유형
유·아동, 청소년 / 개인, 집단

3) 적용 시기
초기, 중기

4) 기대효과
주변의 인적 자원을 탐색함으로써 정서적 안정감을 갖는다.

5) 진행 과정
① 다양한 집 모양의 자료 등을 이용하여 집에 관한 이야기를 나눈다.
② 휴대할 수 있는 집을 만든다면 어떻게 만들고 싶은지 이야기한다.
③ 색 시트지와 스티커, 페인트 마커 등을 이용하여 비닐우산에 지붕을 꾸민다.
④ 집을 외부로부터 보호할 수 있도록 우산 둘레를 투명 아스테이지로 감싸고 꾸민다.
⑤ 완성되면 나만의 집을 소개한다.

- 집이 필요한 이유가 무엇일까요?
- 내가 지켜 주고 싶은 사람이 있나요?
- 가족 중 우산 집으로 초대하고 싶은 사람은 누구인가요?
- 우산 집에서 무엇을 하고 싶나요?

 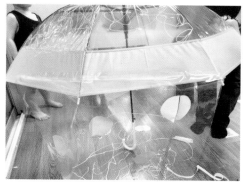

6) 유의점

• 마지막 단계에서 가족과 함께하고 싶은 것에 관해 이야기한다.

• 집은 돈으로 살 수 있지만 가족은 무엇으로도 살 수 없는 소중한 관계임을 알게 한다.

12. 소중한 것을 품다

1) 준비물
마트료시카(러시아 인형, 5p), 네임펜, 연필, 지우개

2) 대상 및 유형
아동, 청소년, 성인, 노인 / 개인, 집단

3) 적용 시기
중기, 종결기

4) 기대효과
가족에 대한 소중함을 인식하고 긍정적인 관계를 촉진한다.

5) 진행 과정
① 자신의 가족구성원을 떠올리며 마트료시카 크기를 결정한다.
② 각각의 마트료시카에 가족구성원의 이미지를 그린다.
③ 각각의 가족구성원에게 필요하다고 생각되는 것을 마트료시카 뒷면에 그린다.

- 각각의 가족구성원의 그림이 마음에 드나요?
- 마음에 들지 않는 구성원의 그림은 무엇 때문일까요?
- 가족 개개인에게 필요하다고 생각되는 것은 무엇인가요?
- 그것이 필요하다고 생각하는 이유는 무엇인가요?

13. 행복한 하모니

1) 준비물
칼림바 만들기 DIY, 연필, 지우개, 네임펜, 색연필, 꾸미기 재료

2) 대상 및 유형
아동, 청소년, 성인, 노인 / 개인, 집단

3) 적용 시기
중기, 종결기

4) 기대효과
타인과의 의사소통의 중요성을 인식하여 관계성 향상을 촉진할 수 있다.

5) 진행 과정
① 자신에게 소중한 사람들을 떠올린다.
② 소중한 사람들에 관해 이야기한다.
- 나에게 소중한 사람은 누구인가요? 그 이유는?
- 소중한 사람들에게 어떤 말을 들을 때 행복한가요?
- 소중한 사람들에게 어떤 이야기를 들을 때 속상하거나 슬펐나요?
- 나는 소중한 사람들에게 어떤 표현을 했었나요?
- 나는 소중한 사람에게 무슨 말을 하고 싶나요?
- 나는 소중한 사람에게 무슨 말을 듣고 싶나요?

③ 칼림바가 조율되지 않았을 때의 소리와 조율되었을 때의 소리를 들어 본다.
- 둘 중 어떤 소리가 좋은가요?

④ 자신에게 소중한 사람들을 칼림바에 그린다.

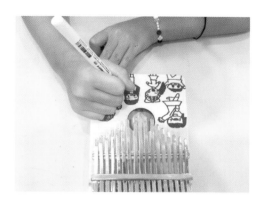 

6) 유의점

• 소중한 사람에게 예의를 지키고 존중하는 다양한 표현에 관해 이야기 나눈다.

14. 슈퍼 슬라임

1) 준비물
아이클레이, 물풀, 베이킹 소다, 리뉴, 지퍼백(대), 일회용기, 숟가락, 유성매직

2) 대상 및 유형
아동, 청소년, 성인 / 개인, 집단

3) 적용 시기
초기

4) 기대효과
집단원과의 라포형성과 적극적 자기표현으로 원만한 상호작용의 경험을 한다.

5) 진행 과정
① 일회용기에 아이클레이(25g)를 담고 뜨거운 물(100ml)을 부어 잘 녹인다.
② 아이클레이가 녹으면 물풀 25g을 함께 넣어 젓는다.
  • 원하는 경우 반짝이 가루나 물감을 함께 넣는다.
③ ②가 완성되면 베이킹 소다 반 티스푼을 약간의 물에 녹여 혼합한다.
④ ③을 잘 저어 슬라임이 완성되면 충분히 탐색한다.
⑤ 슬라임을 모두 합쳐 함께 구령을 붙여 가며 대형 슬라임을 만든다.
⑥ 대형 슬라임으로 바닥에 풍선을 만들거나 소리에 집중하는 등의 탐색을 한다.
⑦ 충분히 탐색이 끝나면 대형 지퍼백에 담아 손으로 펼친 뒤 주제를 정하고 유성매직
  이나 마카로 자유롭게 그림을 그린다.

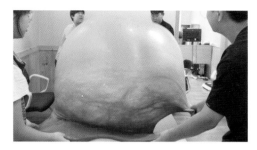

6) 유의점

• 비정형 매체는 퇴행과 이완에 효과적이나 구조적 회복을 위해 틀(지퍼백)에 넣어 마
  무리 작업을 진행한다.

15. 우정 키링

1) 준비물
슈링클스 종이(투명, 야광, 흰색), 가위, 펀치, 열쇠고리 부속품, 색연필, 매직, 네임펜

2) 대상 및 유형
유 · 아동, 청소년 / 개인, 집단

3) 적용 시기
초기, 중기

4) 기대효과
내 주변의 조력자 및 인적자원을 탐색할 수 있다.

5) 진행과정
① 내 주변의 좋은 친구와 사랑하는 가족을 떠올린다.
② 원하는 슈링클스 종이를 선택해 그림을 그리고 오린다.
③ 그림을 오븐에 넣고 구워 완성한다.
④ 완성된 열쇠고리로 이야기를 나눈다.
- 완성된 열쇠고리는 마음에 들게 만들어졌나요?
- 이 열쇠고리를 선물로 주고 싶은 사람이 있나요?
- 그 사람에게 주고 싶은 이유가 무엇일까요?
- 선물을 받은 그 사람은 나에게 무슨 말을 할까요?

6) 유의점

• 내담자와 라포형성을 위해 사용할 수 있다.

16. 우리는 다 멋진 친구야!

1) 준비물
2절 검정 켄트지, 2절 흰색 켄트지, 크레파스, 색연필, 사인펜, 풀, 가위, 흰색 마커

2) 대상 및 유형
아동, 청소년 / 집단

3) 적용 시기
초기, 중기

4) 기대효과
다양함 속에서도 공통점을 찾으며 집단원 간의 응집력과 동질감을 고취할 수 있다.

5) 진행과정
① 다양한 해양생물에 대해 이야기를 나눈다.
② '우리가 물고기라면?' 나는 어떤 모양의 물고기가 되고 싶은지 상상한다.
③ 흰색 켄트지에 상상한 물고기를 그린다.
④ ③의 물고기를 오려 검정색 화지에 붙이고 바닷속을 꾸민다.
⑤ 완성된 작품으로 느낌을 나눈다.
   • 제목을 정한다면?
   • 바닷속에 있는 물고기들 중 어떤 물고기가 가장 눈에 띄나요?
   • 자신의 물고기와 다른 사람의 물고기의 특징이 어떻게 다른가요?
   • 이 물고기들은 어디서, 무엇을 하고 있으며, 어디로 가고 있나요?
   • 무엇을 바라보고 있을까요?

6) 유의점

• 상담자는 집단 구성원들마다 각각 다른 물고기의 긍정적인 특징들을 찾아줄 수 있다.

• 마지막에는 다양한 차이가 있음에도 결국 같은 집단이라는 것과, 같은 집단이지만 또 다른 개성이 있음을 알려 줄 수 있다.

17. 너의 편이 되어 줄게

1) 준비물
추상적인 이미지 사진이나 그림, 4절 켄트지, 수채물감, 팔레트, 붓, 사인펜, 색연필

2) 대상 및 유형
아동, 청소년, 성인 / 집단

3) 적용 시기
중기, 종결기

4) 기대효과
대인 간 긍정적 소통을 촉진한다.

5) 진행과정
① 추상적인 이미지들을 보며 감상의 시간을 갖는다.
② '나의 삶에서 힘들었던 순간'을 떠올리고 켄트지에 추상적으로 표현한다.
③ 돌아가며 ②에 대해 간단하게 소개한다.
④ 화지의 빈 공간에 당시에 자신이 듣고 싶었던 말, 절실했던 말들을 적어 본다.
⑤ 자신의 그림을 원하는 공간에 붙인다.
⑥ 집단원은 작품을 하나하나 감상하며 포스트잇에 지지와 격려의 글을 적어 각각 붙여 준다.
⑦ 모든 순서가 끝난 후, 집단원이 적어 준 지지와 격려의 글을 읽고 느낌을 나눈다.
   • 자신이 듣고 싶었던 말은 무엇이었나요?
   • 집단원이 돌아가며 적어 준 지지의 글 중에서 가장 위로가 된 글을 소개해 주세요.

• 오늘의 소감을 이야기해 주세요.

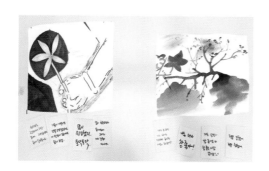 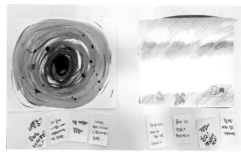

6) 유의점

• 집단원의 그림마다 지지하는 내용의 글을 붙일 수 있도록 한다.
• 추상적인 이미지는 다양한 명화를 이용할 수 있다.

18. 우리들의 나무

1) 준비물
전지, 다양한 재료(유성매직, 사인펜, 색연필, 물감, 팔레트, 붓, 물통, 클레이, 스티커 등), 가위, 테이프

2) 대상 및 유형
아동, 청소년 / 집단

3) 적용 시기
중기, 종결기

4) 기대효과
각자의 다름 속에서 공통됨을 느끼고 단합력을 올릴 수 있다.

5) 진행과정
① 집단별로 한 장의 전지에 큰 나무를 한 그루 그린다.
② 집단원 인원수대로 나무를 조각내 가져간다.
③ 간단한 게임을 통해 집단원은 각자 원하는 다양한 재료 도구를 선택해 가진다.
④ 각 집단원은 ②에 자신이 선택한 도구로 채색한다.
⑤ 본래 한 그루의 나무로 이어 붙이고 느낌을 나눈다.
  • '~ 나무'로 제목을 붙여 주세요.
  • 집단별 나무의 특징을 찾아본다면?
  • 추가하여 그려 넣고 싶은 것이 있다면?

19. 너와 나의 연결고리

1) 준비물
털실, 오공본드나 우드락 본드, 8절 우드락, 유성매직

2) 대상 및 유형
아동, 청소년, 성인 / 개인, 집단

3) 적용 시기
초기, 중기

4) 기대효과
상담 장면에서의 긍정적인 상호작용을 촉진한다.

5) 진행과정
① 가위바위보로 이긴 사람이 먼저 털실을 우드락 위에 올려 본드로 붙인다.

② 다음 사람도 ①에 이어 자신이 고른 털실로 모양을 만들어 붙인다.

③ 어느 정도 완성될 때까지 진행하다가 멈춘다.

④ 함께 완성한 작품으로 이야기를 나눈다.

- 털실을 우드락에 붙여 나갈 때 어려움이 있었다면?
- 상대방에 의해 기분이 언짢았다거나, 좋았던 점이 있었나요? 그 이유는?
- 함께 만든 작품을 보니 어떤 느낌이 드나요?
- 제목과 스토리를 지어 본다면?
- 좀 더 추가하고 싶은 것이 있다면?

⑤ 나누기 후, 추가하고 싶은 부분을 유성매직으로 그려 주고 제목을 적어 넣는다.

6) 유의점

• 털실 난화는 처음부터 묵언으로 진행한다.

• 관계 형성을 위한 프로그램은 상담자의 유연한 리드가 중요하다. 따라서 프로그램
을 통해 내담자가 안전감을 느끼고 상담자를 잘 따라갈 수 있도록 도와주는 것이 필
요하다.

20. 우리 가족 1

1) 준비물
타원형의 나무 조각, 지끈, 한지, 가위, 목공풀, 네임펜, 8절 켄트지, 사인펜, 색연필

2) 대상 및 유형
유·아동, 청소년, 성인, 노인 / 개인, 집단

3) 적용 시기
중기

4) 기대효과
가족구성원의 특성 이해와 가족 간 역동을 인식하고 이해한다.

5) 진행과정
① 나무 조각과 지끈으로 가족구성원들의 특성을 떠올리며 표현한다.
② 화지 위에 ①을 배치한다.
- 나를 중심으로 가족을 배치해 주세요. 나와 친근하면 가까이 두고, 갈등관계이면 멀리 두거나 등을 돌리고 있을 수 있어요.
③ 배경을 컬러링 재료로 꾸민다.
④ 가족들을 잠시 바라보고, 가족 간의 거리, 역동, 감정, 배치되어 있는 가족들의 구조에 대해 이야기 나눈다.
- 나는 어디에 있나요?
- 나와 가장 가깝거나, 가장 멀리 있는 가족구성원은 누구인가요?
- 배치되어 있는 가족의 모습에서 무엇이 느껴지나요?

• 가족을 바라보니 어떤 감정이 올라오나요?

21. 우리 가족 2

1) 준비물
다양한 동물 피규어, 4절 켄트지, 색연필, 사인펜

2) 대상 및 유형
유 · 아동, 청소년, 성인, 노인 / 개인, 집단

3) 적용 시기
중기

4) 기대효과
가족구성원의 특성 이해와 가족 간 역동을 인식하고 이해한다.

5) 진행과정
① 다양한 동물 피규어들 중에서 우리 가족구성원들의 특성과 닮은 동물을 선택한다.
② 선택한 동물의 특성과 성격에 대해 이야기 나눈다.
③ 선택한 동물을 화지에 배치하고 그 주변에 그림을 그려 완성한다.
④ 거리를 충분히 두고 ③을 바라본다.
⑤ 빈 공간에 가족의 제목을 적는다.
⑥ 가족을 소개한다.

- 자신이 있는 곳은? 무엇을 하고 있는지? 무슨 생각을 하고 있는지? 등
- 자신과 가장 가까운(먼) 거리에 있는 가족은?
- 가족구성원에게 각각 원하는 것이 무엇인지, 하고 싶은 말은 무엇인지?
- 즉, 가족 간의 거리, 위치의 의미에 대해 인식하게 하고 역할 등에 대해 이야기 나눈다.

6) 유의점

• 가족을 태어난 띠로 선택하는 것을 지양하고, 가족의 성격과 동물이 가진 특성을 연
  관지어 선택하도록 한다.

22. 우리는 하나

1) 준비물
색 시트지(빨강, 파랑, 노랑, 초록), 가위, OHP필름지, 네임펜, 4절 켄트지, 테이프

2) 대상 및 유형
아동, 청소년, 성인 / 집단

3) 적용 시기
초기, 중기

4) 기대효과
상호작용으로 또래관계 향상을 촉진하고 긍정적인 자아상 형성에 도움을 준다.

5) 진행과정
① 개인별로 다양한 색 시트지를 색깔별로 나누어 준다.
② 시트지를 다양한 모양으로 오려서 OHP필름지에 붙여 구성한다.
③ ②에 네임펜으로 추가 그림을 그려서 완성한다.
④ 집단원은 자신의 작품과 유사한 작품을 찾아가서 4명이 한 팀이 된다.
⑤ 4절 켄트지에 4개의 ③을 올려 서로 조화롭게 펼쳐 가며 팀별 작품을 완성한다.
⑥ 각 팀은 팀별 작품을 스토리텔링하고 작품의 제목을 정해 발표한다.

6) 유의점

• 확장작업으로 스토리텔링한 내용을 이용하여 팀별로 연극으로 발표할 수 있다.

23. 친구야! 안녕~

1) 준비물
다양한 색 털실, 가위, 목공풀, 4절 켄트지, 포스트잇, 파스텔, 사인펜

2) 대상 및 유형
아동, 청소년 / 집단

3) 적용 시기
초기

4) 기대효과
신체적 대근육 소근육을 이용한 적극적 상호작용으로 심리적 이완을 가져 또래관계 친밀감과 개인의 자존감을 높인다.

5) 진행과정
① 집단원이 색 털실을 한 개씩 가지고 큰 원을 만들어 앉는다.
② 상담자의 신호에 따라 집단원은 각자 털실을 보내고 싶은 대상자를 바라보며 "○○아! 안녕~" 인사말과 함께 털실의 끝을 잡고 털실을 굴려 보낸다.
  • 이때, 여러 명에게 털실을 받은 사람은 재빨리 털실이 없는 사람에게 인사를 하며 보내도록 한다.
③ 두 번째 털실을 보낼 때에는 "○○아! ~ 해서 고마워!"라고 말하며 고마움을 표현한다.
④ 세 번째 털실을 보낼 때에는 "○○아! ~ 미안해!"라고 말한다.
  • 이러한 행위는 순서대로 하는 것이 아니라, 동시다발적으로 이루어지게 한다.

⑤ 여러 번 반복 후 털실이 다 풀리면, 얽혀 있는 털실 그물을 보고 느낌을 나눈다.
- 이렇게 얽혀 있는 털실을 보니 어떤 생각이 드나요?
- 우리의 관계도 이렇게 얽혀 있지요. 속상한 마음, 화가 나는 마음도 있을 거예요. 어떻게 하면 우리가 서로 행복해질 수 있을까요?

⑥ 이야기를 나눈 후, 한 명씩 털실 터널을 지나가 보게 하는 재미있는 활동으로 이어 간다.
- 이때 집단원들은 친구가 터널을 잘 지나가도록 도와주거나 방해할 수도 있다.

⑦ 활동이 끝난 후 느낀 점을 이야기 나눈다.
- 내가 터널을 지나가는데 친구들이 도와줄 때(방해할 때) 기분은 어땠나요?
- 친구가 잘 지나갈 수 있도록 도와줄 때(방해할 때) 기분은 어땠나요?

⑧ 마음에 드는 털실 부분을 가위로 잘라 화지에 붙이고 컬러링 도구로 꾸민다.
- 얽혀 있는 털실 중 자신의 마음에 드는 부분을 잘라 행복하고 즐거운 모양으로 화지에 꾸며 볼까요?

⑨ 제목을 짓고 자신의 작품을 발표한다.

⑩ 소감을 나눈다.
- 털실을 서로 주고받을 때 기분과 느낌은 어땠나요?
- 친구가 나에게 고맙다고(미안하다고) 말했을 때의 기분은 어땠나요?
- 털실이 엉켜 있을 때의 느낌과 털실을 잘라 자신의 화지에 꾸며 준 느낌에는 어떤 차이점이 있었나요?

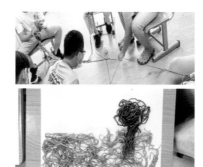

6) 유의점
- 털실이 무게감이 없으면 잘 굴려지지 않으므로, 털실이 잘 굴러갈 수 있도록 종이 심지에 감겨 있는 털실을 준비한다.

24. 장점을 찾아라~!!

1) 준비물
포스트잇, 사인펜, 투명테이프, 8절 켄트지, 음악

2) 대상 및 유형
아동, 청소년, 성인 / 집단

3) 적용 시기
중기

4) 기대효과
집단원 간 긍정적 상호작용으로 자기정체성 발견과 자존감을 높인다.

5) 진행과정
① 집단원이 서로 마주 보고 서서 인사하고, 10~20여 초 정도 집단원 친구들을 바라
  보며 좋은 점을 생각하게 한다.
② 포스트잇에 각 친구의 장점을 적은 후, 그 친구의 등 뒤에 붙여 준다(포스트잇의 내
  용을 보여 줘서는 안 된다).
③ ②의 활동이 끝나면 자신의 등 뒤에 어떤 칭찬의 말이 붙어 있는지 확인한다.
④ 화지 위에 자신이 받은 장점 포스트잇을 모두 붙여 정리한다.
⑤ ④를 보고 '내가 생각하는 나의 장점'을 포스트잇에 적어 화지 위에 붙인다.
⑥ 화지에 '나는 ~이다' '나는 ~한 사람이다' '나는 ~할 사람이다' 등으로 제목을 적는다.
⑦ 집단원에게 자신을 소개한다.

6) 유의점

- 개인마다 등 뒤에 붙은 포스트잇을 자신이 떼는 것이 아니라 상담자가 하나씩 떼어 집단원들에게 보여 주고 집단원들은 그 친구에게 알아맞힐 수 있도록 힌트를 주며 놀이로 진행하는 것도 효과적이다.
- 경쾌한 음악을 준비한다.

25. 우리들의 캐릭터

1) 준비물
아이클레이, 8절 켄트지, 사인펜

2) 대상 및 유형
아동, 청소년, 성인 / 집단

3) 적용 시기
초기

4) 기대효과
개인의 욕구를 탐색하여 긍정적 소통으로 상호작용을 촉진한다.

5) 진행과정
① 팀원들은 머리부터 발끝까지 신체 부위 등을 종이에 적어 본다.
   • 머리카락, 얼굴형, 눈썹, 눈, 코, 귀, 입, 목, 몸통, 팔과 다리, 손과 발, 액세서리
② ①에서 개인별로 자신이 만들고 싶은 부위를 정한다.
③ 아이클레이로 만든다(묵언으로 진행).
④ 각 신체 부위가 완성되면 집단원이 모여 하나의 캐릭터를 완성한다.
⑤ 완성된 캐릭터의 이름, 나이, 성격, 요즘 고민, 소원 등을 집단원 간 의논하며 종이
   에 적는다.
⑥ 집단별로 완성된 캐릭터를 발표한다.
   • 각 집단의 캐릭터를 향한 장점과 격려와 지지를 보낸다.

6) 유의점

• 액세서리는 집단원 전체가 각자 하나씩 만들 수 있다.

• 자신이 만든 신체 부위들을 개별적으로 합체하려고 하지 않고 집단원 전체가 다 만든 후 합체하도록 한다.

26. 갈란드 만들기

1) 준비물
펠트지, 접착 펠트지, 가위, 매직펜, 네임펜, 펀치, 마끈, 투명테이프

2) 대상 및 유형
아동, 청소년, 성인 / 개인, 집단

3) 적용 시기
초기, 종결기

4) 기대효과
긍정적 소통으로 상호작용을 촉진한다.

5) 진행과정
① 자신을 응원하는 말이나 집단원이 상의하여 멋진 구호를 짓는다.
② ①을 접착 펠트지에 적은 후 오려서 펠트지 위에 붙인다.
③ 접착 펠트지에 꾸며 주는 그림을 그려 오린 후 펠트지 위에 붙인다.
④ 완성된 갈란드의 양쪽면을 펀치로 구멍을 낸 후 마끈으로 끼운다.
⑤ 완성된 갈란드를 공간에 설치한다.
⑥ ⑤를 소개하고 다 같이 큰 소리로 구호를 외친다.

제**6**장

발달촉진

1. 꼬물꼬물 미용실

1) 준비물
4절 색지, 가위, 자, 양면테이프, 종이테이프, 유성매직, 인형(머리둘레가 큰 인형)

2) 대상 및 유형
유·아동 / 개인, 집단

3) 적용 시기
초기, 중기

4) 기대효과
주의 집중력 향상과 소근육 강화로 발달을 촉진한다.

5) 진행 과정
① 색지를 일정한 간격(2~2.5cm)으로 길게 자른다.
② ①의 아랫면을 양면테이프로 인형의 머리둘레에 고정한다.
③ 인형에게 어울리는 머리 모양을 만들어 주기 위해 머리카락 길이를 자른다.
④ 유성매직이나 두께감이 있는 막대로 머리카락을 말아 곱슬머리를 완성한다.
⑤ 곡선이나 지그재그 등 다양한 머리 모양으로 만들어 꾸민다.

6) 유의점

• 가위질 작업에 유능한 아동은 머리카락 간격을 좀 더 좁게 할 수 있다.

2. 무적 팽이

1) 준비물
디폼 블럭(8~10mm), 풍선 고정핀, 글루건

2) 대상 및 유형
아동, 청소년 / 개인

3) 적용 시기
초기, 중기

4) 기대효과
주의 집중력 향상과 소근육 강화로 발달을 촉진한다.

5) 진행 과정
① 디폼 블럭의 특징을 탐색한다.
② 디폼 블럭의 특징을 이해하고 잘 회전하는 팽이를 만들기 위한 방법을 생각한다.
③ 팽이가 만들어지면 다양한 스티커로 꾸민다.
④ 풍선 고정핀을 팽이 상단에 글루건으로 고정해 손잡이를 만든다.
⑤ 다양한 모양과 색으로 만들어진 각자의 팽이를 가지고 놀이로 확장한다.

6) 유의점

- 팽이의 균형을 맞추며 만들도록 주의한다.

3. 손가락으로 꾹꾹 그림

1) 준비물

A4크기 캔버스 또는 A4크기 우드락(5mm), 면 로프(지름 3mm이상), 목공 본드나 우드락 본드, 아이클레이, 가위, 접시

2) 대상 및 유형

아동, 청소년, 성인, 노인 / 개인, 집단

3) 적용 시기

초기

4) 기대효과

소근육 발달촉진과 높은 완성도를 통해 자아성취감 향상에 도움을 준다.

5) 진행 과정

① 로프에 목공 본드를 발라 캔버스 위에 자유롭게 교차하여 다양한 면을 만든다.

② ①을 건조시킨다.

③ 다양한 색상의 아이클레이로 ①의 면들을 채워 넣는다.

　• 손가락 끝의 힘으로 누르고 밀어서 면을 채운다.

④ 완성되면 실온에서 건조시킨다.

　• 완성된 작품의 느낌은 어떤가요?

　• 어느 부분이 가장 마음에 드나요?

　• 어떤 색이 가장 마음에 드나요?

　• 제목을 붙인다면?

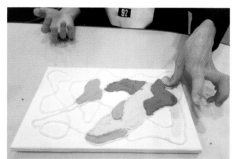

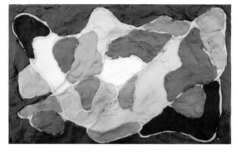

4. 고슴도치 가족

1) 준비물
지점토, 수채물감, 면봉, 접시, 물, 물티슈

2) 대상 및 유형
유·아동 / 개인, 집단

3) 적용 시기
초기, 중기

4) 기대효과
나의 가족관계를 탐색하고 소근육 발달을 촉진한다.

5) 진행과정
① 우리 가족구성원의 특성과 특징을 떠올리며 집단원에게 소개한다.
② 지점토에 물을 섞어 가며 충분히 촉감놀이를 한다.
③ ②를 부드럽게 만들어 둥글게 굴리고, 가족구성원들의 특성을 살려 모양을 만든다.
④ 접시마다 원하는 물감을 짜고 물을 넣어 적당히 척척하게 만든다.
⑤ 면봉을 반으로 자르고 ④의 접시에 담가 원하는 색으로 묻힌다.
⑥ ③에 물감을 묻힌 면봉을 꽂아 알록달록하게 만든다.
⑦ 종이나 우드락 위에 고슴도치 가족을 배치하고 소개 글을 간단하게 적는다.

6) 유의점

- 물의 농도를 조절해 가며 지점토를 반죽한다.
- 반으로 자른 면봉이 입에 들어가지 않도록 주의한다.

5. 재미있는 타악기

1) 준비물
스티로폼 구(소), 나무젓가락, PT병, 글루건, 유성매직, 다양한 스티커

2) 대상 및 유형
유 · 아동 / 개인, 집단

3) 적용 시기
중기, 종결기

4) 기대효과
흥미로운 매체로 신체와 놀이 전반적 발달을 촉진한다.

5) 진행과정
① 나무젓가락 끝에 스티로폼 구를 글루건으로 붙인다.
② 스티로폼 구와 PT병을 매직과 스티커로 꾸민다.
③ 신나는 음악으로 박자에 맞춰 타악기를 두드린다.

6) 유의점

• 글루건 사용은 유 · 아동이 사용하기에 위험하므로 상담자가 미리 붙여 놓는다.

• 집단으로 진행할 시, 타인을 때리지 않도록 주의한다.

• 두 PT병을 함께 부딪히며 놀 수 있다.

• PT병 안에 솜, 반짝이 가루, 구슬, 곡물, 수정토 등을 넣어 시각적 효과와 소리의 변화를 줄 수도 있다.

6. 미이라 놀이

1) 준비물
롤 화장지, 음악

2) 대상 및 유형
유 · 아동 / 개인

3) 적용 시기
초기, 중기

4) 기대효과
흥미로운 매체 놀이로 대근육과 소근육 전반적 발달을 촉진한다.

5) 진행과정
① 배경음악과 함께 롤 화장지를 바닥에 굴리며 굴러가는 화장지를 탐색한다.
② 롤 화장지가 굴러가는 방향으로 걸음을 옮겨 따라간다.
③ 자신의 몸에 화장지를 감는다(상담자는 자연스럽게 아동의 신체에 화장지를 감아 주며 안전감을 준다).
④ 구령과 함께 전신에 힘을 주어 화장지가 몸에서 뜯어져 나가게 한다.
⑤ 뜯어진 화장지를 손으로 찢는다.
⑥ 화장지를 손으로 뭉쳐 일회용 비닐에 담는다.
⑦ 비닐 공이 된 ⑥을 상담자와 주고받는 놀이를 한다.

6) 유의점

• 이 활동을 위해서는 상담실의 공간을 넓게 확보한다.

• 불안이 높은 내담자에게는 적합하지 않을 수 있으므로 유의하여야 한다.

• 배경음악은 조용한 음악보다는 경쾌한 음악으로 고른다.

7. 죽을 쒀요!

1) 준비물
롤 화장지, 폭이 깊고 넓은 그릇, 물감, 목공풀, 반짝이 가루, 플라스틱 반구(자유), 음악

2) 대상 및 유형
유·아동 / 개인, 집단

3) 적용 시기
중기, 종결기

4) 기대효과
흥미로운 매체활동과 놀이로 대근육과 소근육 발달을 촉진한다.

5) 진행과정
① 상담자가 롤 화장지 구멍을 잡아 주고 아동은 화장지를 풀어내며 과정을 즐긴다.
② 풀어낸 화장지를 뜯으며 조각낸다.
③ 그릇에 조각낸 화장지를 담고 적당량의 물을 부어 죽을 만든다.
④ 몇 개의 그릇에 ③을 나누어 담아 원하는 물감으로 색을 들인다.
⑤ 손으로 물을 쭉 빼고 목공풀을 섞어 반죽한다.
⑥ 플라스틱 반구를 뒤집어 죽을 펴 발라 완성한다.

6) 유의점

• 미이라 놀이 확장 버전으로 활용할 수 있다.

• 목공풀 작업 시에는 여린 피부에 안전하지 않으므로 긴 시간 활동으로는 적합하지
  않다.

• 다음 회차에 그릇이 마르면 표면에 니스를 발라 정착시킬 수 있다.

• 종결기에는 채색하고 간식을 담아 성취감을 고취할 수 있으며, 중기에는 자신을 상
  징하는 물건을 담아 자기탐색을 목적으로 활동할 수 있다.

8. 봉지 꽃 찍기

1) 준비물
일회용 비닐봉지(소), 접시, 물감, 켄트지(자유), 크레파스, 파스넷, 음악

2) 대상 및 유형
유·아동 / 개인, 집단

3) 적용 시기
초기, 중기

4) 기대효과
흥미로운 활동으로 정서적 이완과 발달 촉진을 돕는다.

5) 진행과정
① 일회용 비닐봉지에 공기를 불어 넣고 끝을 묶는다.
② 각 접시에 다양한 색의 물감을 짠다.
③ 봉지의 모서리를 물감에 찍은 다음 화지에 찍는다.
④ ③을 감상하고 크레파스나 파스넷 등으로 빈 공간을 꾸민다.
⑤ 제목을 짓고 느낌을 나눈다.

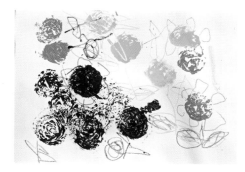

6) 유의점

• 발달 수준에 따라 상담자가 미리 화지에 나무나 동물 도안을 그려 놓을 수도 있고, 함께 그린 후 찍기 놀이 활동을 할 수도 있다.

• 물감이 묽으면 봉투의 구겨짐이 잘 표현되지 않을 수 있다.

9. 붓으로 그린 별

1) 준비물
붓(대, 중, 소), 수채화 도구, 접시, 켄트지(자유), 음악

2) 대상 및 유형
유 · 아동 / 개인, 집단

3) 적용 시기
초기, 중기

4) 기대효과
매체를 통한 정서적 이완으로 발달촉진을 돕는다.

5) 진행과정
① '반짝반짝 작은 별' 노래와 함께 손 율동하며 이완한다.
② 접시에 여러 색깔 물감을 짠다.
③ 붓에 물감을 찍어 화지 위에 누른 상태로 돌돌 돌린다.
④ 다양한 크기의 붓으로 여러 가지 모양의 별을 찍는다.
⑤ 제목을 짓고 이야기를 나눈다.

6) 유의점

• 소근육 발달에 어려움이 있는 유 · 아동은 상담자가 함께 누르고 돌릴 수 있도록 돕는다.

• 돌리기가 어려운 유 · 아동은 마구 찍기로 활동을 즐길 수 있다.

10. 개구리알 놀이

1) 준비물
수정토, 넓은 쟁반, 오목한 그릇, 물

2) 대상 및 유형
유 · 아동, 청소년 / 개인, 집단

3) 적용 시기
초기, 중기

4) 기대효과
촉감각을 통해 신체적, 심리적 긴장감을 이완한다.

5) 진행과정
① 수정토 절반을 활동 전에 미리 물에 담가 놓아 크기를 키워 놓는다.

② 남은 나머지 수정토를 넓은 쟁반에 담아 물과 섞어 촉감놀이를 한다.

③ ①과 ②를 섞어 수정토 크기 변화에 흥미를 가지고 탐색하며 활동한다.

  • 수정토의 촉감에 대해 서로 이야기 나눈다.

  • 수정토를 누르기도, 으깨기도, 굴려 보기도, 떨어뜨려 보기도 하며 다양한 방법으로 탐색 활동을 한다.

④ 충분한 탐색활동이 끝나면 수정토를 이용해 자신이 원하는 모양을 만들고 이야기 나눈다.

6) 유의점

• 발달장애 아동과 함께할 때에는 입으로 들어갈 수 있는 것에 유의한다.

11. 알록달록 나무

1) 준비물
다양한 색상의 아이클레이, 플라스틱 화분(소), 포도송이 가지

2) 대상 및 유형
유·아동 / 개인, 집단

3) 적용 시기
종결기

4) 기대효과
색인지와 함께 소근육 발달을 촉진한다.

5) 진행 과정
① 플라스틱 화분에 아이클레이를 담는다.
② 포도송이 가지를 ①에 꽂고 고정한다.
③ 포도송이 가지에 여러 가지 색상의 아이클레이를 이용하여 열매를 붙인다.
④ 열매를 가지에 달 때마다 색상에 대한 인지와 함께 소원을 하나씩 말한다.
⑤ 완성된 나무에 이름을 붙여 준다.
⑥ 소원에 대해 다시 한번 이야기 나눈다.

6) 유의점

- 포도송이 가지를 미리 세척하여 말렸다가 재활용한다.
- 아이클레이 대신 찰흙을 이용할 수 있다.
- 열매 아이클레이를 붙일 때 서로 붙지 않도록 유의한다.

12. 콕콕콕 음식세트

1) 준비물
흰색 클레이, 사인펜

2) 대상 및 유형
유 · 아동 / 개인, 집단

3) 적용 시기
초기, 중기

4) 기대효과
색인지와 함께 소근육 발달을 촉진한다.

5) 진행 과정
① 흰색 클레이를 조물조물 손으로 뭉치며 엄마와 맛있는 음식을 만드는 모습을 상상한다.
② 좋아하는 색상의 사인펜으로 클레이를 콕콕 찍거나 색칠한다.
③ 클레이를 뭉치고 늘려 가며 색상이 섞이는 것을 관찰한다.
④ 클레이로 다양한 모양과 크기의 음식을 만든다.
⑤ 클레이로 다양한 모양의 접시를 만든다.
⑥ ⑤의 접시에 ④를 올리고 함께 먹고 싶은 사람이나 주고 싶은 사람을 이야기한다.

6) 유의점

• 활동과정에 대상자의 연령과 인지 수준을 고려하며 진행한다.

• 발달장애 아동과 함께할 때에는 클레이를 입에 넣지 않도록 주의하여야 한다.

13. 몬드리안 따라 하기

1) 준비물
종이 사포(150방 전후), 크레파스, 종이테이프

2) 대상 및 유형
유 · 아동 / 개인, 집단

3) 적용 시기
초기, 중기

4) 기대효과
주의 집중력 향상과 소근육 강화로 발달을 촉진한다.

5) 진행 과정
① 몬드리안의 작품을 감상한다.
  • 몬드리안의 대표작을 감상한 뒤 무엇이 생각나는지 이야기한다.
② 사포지에 종이테이프를 이용하여 다양한 크기의 칸을 나눈다.
③ 나누어진 칸에 크레파스를 이용해 색을 칠한다.
④ 색칠이 완료된 후 종이테이프를 떼어 낸다.
⑤ 완성된 작품을 보고 어떤 느낌이 드는지 이야기를 나눈다.

6) 유의점

• 사포지가 없을 때는 일반 화지를 활용해도 무방하다.

• 활동에 대한 성취감이나 완성도를 높이고자 할 때에는 우드락으로 액자를 만들어 작품을 붙여 준다.

14. 나뭇잎의 변신

1) 준비물
나뭇잎, 지점토, 밀대, 소조 도구, 아크릴물감, 붓, 팔레트, 물통

2) 대상 및 유형
유·아동 / 개인, 집단

3) 적용 시기
초기, 중기

4) 기대효과
촉감각과 소근육 활동으로 뇌의 협응 작용을 돕고 발달을 촉진한다.

5) 진행 과정
① 크기와 모양이 다른 나뭇잎을 탐색한다.
  • 나뭇잎은 가로, 세로가 12cm를 넘지 않는 크기를 선택한다.
  • 처음에는 크고 단순한 모양에서 작고 복잡한 모양 순으로 진행한다.
② 밀대로 지점토를 넓게 편다.
③ 점토 위에 나뭇잎을 올리고 다시 밀대로 민다.
④ 소조 도구를 이용해 나뭇잎 모양을 남기고 잘라 낸다.
⑤ 점토 위에 붙여진 나뭇잎을 떼어 낸다.
⑥ ⑤의 점토에 물감으로 색을 칠한다.
⑦ 완성된 작품을 소개하고 이야기 나눈다.

6) 유의점

• 단순한 모양을 잘 다룰 수 있을 때, 나뭇잎 모양이 작고 섬세한 것들을 자를 수 있도록 돕는다.

• 완성된 작품에 자석을 붙여 활용함으로써 자아성취감을 높일 수 있다.

15. 돼지 저금통 채우기

1) 준비물

저금통 도안(A4 또는 B4용지), 여러 가지 동전, 색연필, 투명 테이프

2) 대상 및 유형

유 · 아동 / 개인, 집단

3) 적용 시기

초기, 중기

4) 기대효과

흥미로운 활동으로 소근육 강화와 발달을 촉진한다.

5) 진행 과정

① 저금통의 용도에 관해 이야기한다.

- 저금통은 어떨 때 사용할까요?

- 저금통에는 무엇을 모을 수 있을까요?

② 저금통에 넣을 동전들을 탐색한다.

- 앞에 있는 동전들이 얼마짜리 동전인지 구별할 수 있나요?

③ 동전의 한쪽 면에 테이프를 동그랗게 말아 책상에 고정한다.

④ 저금통 도안으로 동전을 덮고 색연필로 동전 위를 색칠한다(프로타주 기법).

⑤ 완성 후 느낌을 나눈다.

6) 유의점

• 저금통 도안 화지로는 복사용지가 가장 적당하다. 얇은 습자지는 발달이 더딘 아동이 칠할 때는 잘 찢어지고 두꺼운 화지는 동전 문양이 잘 나타나지 않는다.

16. 방울방울 오색 빛

1) 준비물
8절 또는 4절 켄트지, 색 습자지, 분무기, 가위, 핀셋

2) 대상 및 유형
유·아동 / 개인, 집단

3) 적용 시기
초기, 중기

4) 기대효과
주의 집중력 향상과 소근육 강화로 발달을 촉진한다.

5) 진행 과정
① 색 습자지를 다양한 모양과 크기의 도형으로 잘라 준비한다.

② 화지 위에 색 습자지 도형을 자유롭게 올려놓는다.

③ ② 위에 분무기로 물을 뿌린다.

④ 5~10분 후 핀셋을 이용해 색 습자지를 떼 낸다.

  • 기다리는 동안 색 습자지의 색과 모양, 기대감에 관한 이야기를 나눈다.

⑤ 완성된 작품을 감상하며 느낌을 이야기 나눈다.

6) 유의점

• 습자지가 날리지 않도록 화지 30cm 위에서 분무기로 분사한다.

• 습자지를 떼어 낸 후 느낌에 따라 사인펜이나 유성매직으로 확장작업을 할 수 있다.

17. 데구루루 유리구슬

1) 준비물
A4용지 상자 덮개, A4용지, 유리구슬, 수채물감, 물티슈

2) 대상 및 유형
유 · 아동 / 개인, 집단

3) 적용 시기
초기, 중기

4) 기대효과
주의 집중력과 대근육 · 소근육 활동으로 전반적 발달을 돕는다.

5) 진행 과정
① 물감 색들을 탐색하고 어떤 색이 마음에 드는지 이야기한다.
② A4용지 상자 덮개에 A4용지 한 장을 깔아 두고, 그 위에 원하는 두 가지 색의 물감을 짠다.
③ ② 위에 유리구슬을 올리고 박스를 좌우로 움직이며 구슬에 의해 혼합되는 색들을 관찰한다.
  • 두 가지 색이 합쳐지니 무슨 색으로 변했나요?
  • 구슬이 지나간 흔적을 자세히 관찰해 보세요.
④ 구슬이 굴러다니며 물감이 어떤 형태를 만들어 놓았는지, 무엇이 보이는지 이야기를 나눈다.
⑤ 활동에 대한 느낌을 나눈다.

 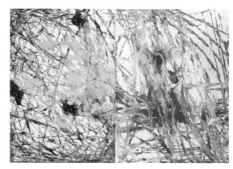

6) 유의점

- 아동이 선택한 색을 두 가지 물감으로 혼합하여 사용할 수도 있다(예: 분홍색=빨간색 +흰색).
- 색이 혼합되는 과정을 관찰하며 이완의 경험과 색이 만들어지는 방법을 알 수 있다.
- 도화지를 다각형으로 오린 후, 화지 위에 거미를 그려 주거나 거미 모형을 실로 매 달아 주는 확장작업을 할 수 있다.

18. 내 맘대로 만다라

1) 준비물
플라스틱 접시(20cm), 도예 점토, 곡물, 자연물(조개껍데기, 돌멩이, 솔방울, 잎사귀 등)

2) 대상 및 유형
유·아동, 노인 / 개인, 집단

3) 적용 시기
초기, 중기

4) 기대효과
자연물을 이용하여 주의 집중력과 발달을 촉진한다.

5) 진행 과정
① 점토를 접시 위에 올리고 평평하게 편다.

② 곡물과 자연물들을 점토 위에 올려 꾸민다.

　　• 우리가 먹는 곡물들은 무엇이 있나요?

　　• 자연물의 종류에는 무엇이 있나요?

③ 몇 개를 만들고, 가장 마음에 드는 것을 골라 발표한다.

　　• 무엇을 만들었나요? 또는 무엇처럼 보이나요?

　　• 어떤 느낌이 드나요?

　　• 제목을 짓는다면?

6) 유의점

• 곡물과 자연물이 우리에게 어떤 도움을 주는지에 관해 확장된 이야기 나누기도 가
  능하다.

19. 구슬을 꿀꺽!

1) 준비물
A4용지 상자 덮개, 유리구슬, 유성매직, 커터 칼, 글루건, PT병(500ml 이상)

2) 대상 및 유형
유 · 아동 / 개인

3) 적용 시기
초기, 중기

4) 기대효과
놀이를 통한 규칙과 주의 집중력 향상으로 전반적 발달을 돕는다.

5) 진행 과정
① A4용지 상자 덮개 안쪽 면 중앙에 지름 5cm 구멍을 뚫어 준비한다.
② ①에 원하는 입의 이미지를 그린다.
  • 이미지는 도안을 잘라 사용할 수 있다.
③ PT병을 반으로 잘라 윗부분을 ①의 상자 뒷면 구멍에 글루건으로 고정한다.
④ 상자 안에 유리구슬을 넣고 상하좌우로 움직여 입안 구멍으로 구슬을 골인시키는
  놀이를 진행한다.
⑤ 놀이가 끝나면 PT병 안에 모아진 유리구슬의 개수를 세고 꺼낸다.
  • PT병 뚜껑을 열어 구슬을 꺼낸다.
⑥ 활동에 대한 느낌을 나눈다.

6) 유의점

- 놀이를 통해 규칙을 알게 하고, 타인과의 상호작용 능력을 기르도록 유도한다.

제7장

희망과 비전

1. 미래액자

1) 준비물
켄트지, 색연필, 사인펜, OHP 필름지, 가위, 양면테이프, 우드락, 비즈 스티커, 네임펜

2) 대상 및 유형
유 · 아동, 청소년, 성인 / 개인, 집단

3) 적용 시기
종결기

4) 기대효과
긍정적인 미래상을 통해 자존감을 높인다.

5) 진행과정
① 켄트지, OHP 필름지는 엽서 크기로 준비한다.
② 10년 후의 나의 모습을 떠올린다.

- 10년 후 나는 어떤 모습일까요? 어떤 옷을 입고 있을까요? 어떤 머리모양을 하고 있을 까요?
- 10년 후의 나는 어디에서 무엇을 하고 있을까요?
- 그때 나의 주변에는 누가 있을까요?

③ ②에서 떠올린 모습을 화지에 그리고, OHP 필름지로 덮는다.
④ 우드락을 액자틀 모양으로 잘라 가장자리에 양면테이프를 붙이고 ③을 붙인다.
⑤ ④의 화지와 우드락 틀에 네임펜과 비즈 스티커로 꾸며 준다.
⑥ 완성된 작품을 감상하며 이야기를 나눈다.

6) 유의점

• 너무 먼 미래에 대한 연상을 어려워한다면 가까운 미래의 모습을 떠올리게 해도 좋다.

• 어느 정도의 미래 모습을 떠올릴지는 내담자의 발달 수준을 고려하여 제시한다.

• 아이클레이를 이용하여 작업할 수도 있다.

2. 희망 찾기

1) 준비물

원형 켄트지, 사인펜, 색연필, 아크릴물감, 붓, 팔레트, 꾸미기 재료(폼폼이 또는 모루), 접착제

2) 대상 및 유형

아동, 청소년, 성인 / 개인, 집단

3) 적용 시기

중기, 종결기

4) 기대효과

긍정적 자원을 찾아 미래지향적 가치를 형성한다.

5) 진행과정

① "희망"에 대한 이야기를 자유롭게 나눈다.

- 각자가 생각하는 희망이란?
- 어린 시절에 꿈꾸었던 나의 희망은 무엇이었나요?

② 희망의 상징을 이미지로 떠올리고, 원형 켄트지에 스케치한다.

③ 컬러링 재료로 채색하고 꾸미기 재료로 꾸민다.

④ 공간에 희망적인 글이나 제목을 적는다.

⑤ 완성작을 소개하고 느낌을 나눈다.

 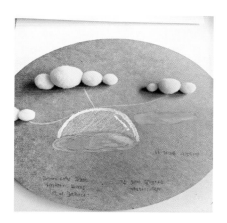

6) 유의점

• 내담자와 라포가 충분히 형성된 후, 중기 및 종결기에 실시할 수 있도록 한다.

• 희망 이미지에 다양한 색을 써 보도록 하여 색을 통한 효과를 기대한다.

• 화지 크기는 내담자의 에너지 욕구 수준에 맞추어 선택한다.

3. 드림 하우스

1) 준비물
상자(크기, 모양 자유), 색종이, 가위, 칼, 풀, 지점토나 아이클레이

2) 대상 및 유형
아동, 청소년, 성인 / 개인, 집단

3) 적용 시기
중기, 종결기

4) 기대효과
흥미로운 조형활동으로 자아성취감과 미래비전을 설계한다.

5) 진행과정
① 내가 살고 싶은 집이나 공간에 대해 생각한다.
② 상자 내부 벽면을 다양한 색종이를 이용하여 꾸민다.
③ 지점토나 아이클레이로 사람모형과 구조물을 만들어 꾸민 내부에 위치시킨다.
④ 완성작을 보며 미래의 꿈과 희망에 대해 이야기를 나눈다.

  • 어떤 집이었으면 좋겠나요?

  • 이 집에 누구와 함께 살고 싶은가요?

  • 집에 필요한 것이 무엇이 있을까요?

  • 이 집에 사는 사람의 꿈은 무엇이고, 어떻게 살고 싶을까요?

6) 유의점

• 상자를 열었을 때 내부가 잘 보이도록 하면서 꾸미는 작업임을 염두에 두며 만들기
  를 한다.

4. 선물

1) 준비물
4절 켄트지, 색연필, 사인펜, 크레파스, A4용지, 편지지

2) 대상 및 유형
아동, 청소년, 성인 / 집단

3) 적용 시기
종결기

4) 기대효과
타인의 지지와 더불어 자기효능감을 높이고 희망적 비전을 설계한다.

5) 진행과정
① 화지에 '선물'을 주제로 내가 받고 싶은 선물 그림을 그린다.
   • "여러분, 살면서 가장 받고 싶었던 선물이 있나요? 선물은 어떤 것이든 좋아요. 지금 자신에게 주고 싶은 선물을 떠올려 보세요."
② 완성한 선물 그림을 옆 사람에게 준다.
③ 화지를 받은 집단원은 '내가 주고 싶은 선물'을 그려 준다.
④ 자신의 화지가 돌아오면 집단원이 그려 준 그림 선물을 감상하고, 10년 후 자신에게 보내는 편지를 쓴다.
⑤ 편지를 돌아가며 낭독해 본다.
⑥ 프로그램에 대한 소감을 나눈다.

6) 유의점

• 종결기에 하는 프로그램이므로 분위기에 따라서 프로그램의 질이 결정될 수 있다.

• 서로가 긍정적이고 편안한 분위기에서 진행될 수 있도록 하는 것이 중요하다.

• 선물을 추상적인 이미지로 표현해도 좋다.

5. 나의 꿈 안에서

1) 준비물
공예용 철사, 마끈, 다양한 색 털실, 깃털 장식, 인조보석, 조개류, 글루건

2) 대상 및 유형
아동, 청소년, 성인 / 개인, 집단

3) 적용 시기
종결기

4) 기대효과
자기긍정과 자기효능감으로 희망과 비전을 설계한다.

5) 진행과정
① 최근에 꾼 꿈에서 기분이 좋지 않았거나 기억에 남는 꿈에 대해 생각해 본다.
② 인디언의 전통의식과 드림캐처가 주는 의미를 이야기 나눈다.
③ 공예용 철사로 동그란 모양 틀을 만든다.
④ ③에 만다라의 다양한 형태를 참고하여 각자 개성 있게 마끈으로 감는다.
⑤ ④의 가운데 곳곳에 조개껍데기, 보석 등으로 꾸민다.
⑥ ⑤의 아랫부분에 마끈을 달고, 깃털 장식을 이어 준다.
⑦ 상단에 걸 수 있는 고리를 만든다.
⑧ 완성 후에 제목을 짓고 자신의 작품을 소개한다.

6. 내 인생의 up!

1) 준비물
영화 〈UP〉 일부 장면, 5호 캔버스, 아크릴물감, 채색도구, 유성사인펜, 폼폼이, 폴라로이드

2) 대상 및 유형
아동, 청소년, 성인 / 개인, 집단

3) 적용 시기
종결기

4) 기대효과
자신의 꿈과 희망을 설계하고 격려와 지지를 통해 자기수용을 돕는다.

5) 진행과정
① 영화감상을 통해서 희망이라는 메시지에 대해 잠시 생각해 본다.
② 희망의 메시지가 되는 풍선을 매달고 여행하는 주제로 캔버스에 그림을 그린다.
③ 풍선은 다양한 색의 폼폼이로 표현한다.
④ 유성사인펜으로 이루고 싶은 자신의 꿈을 캔버스에 적는다.
⑤ 작품의 제목을 짓고 발표한다.
⑥ 자신의 작품을 들고 '내 인생의 up!'이라고 외치며 인증샷을 찍는다.
⑦ 사진을 출력하여 작품에 붙여 준다.

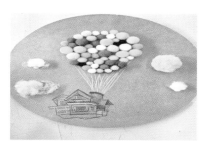

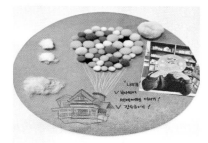

6) 유의점

• 영화는 줄거리를 간략하게 정리한 영상을 중심으로 간단하게 보도록 한다.

• 집단으로 작업을 할 경우, 집단구성이라는 특징을 이용해 인증샷을 찍을 때 함께 단
  체로 사진을 찍어 기념할 수 있도록 한다.

7. 마법의 약

1) 준비물
약봉지와 약포지(미니 지퍼백), 고대기, 초코볼 과자, 약병, 주스(매실액), 펜

2) 대상 및 유형
영 · 유 · 아동 / 개인

3) 적용 시기
중기, 종결기

4) 기대효과
자신의 욕구 및 비전 탐색을 통해 자기효능감을 증진한다.

5) 진행 과정
① 무엇이든 낫게 해 주는 마법의 약이 있다면 어떤 것이 낫기를 바라는지 이야기한다.
② 신체의 아픔(감기, 아토피 등)을 포함해서 보이지 않는 아픔(욕, 화, 걱정)에 관해 이야기한다.
  • 자신이 변화되고 싶거나 잘하고 싶은 것에 대한 바람을 약봉지에 적는다.
③ 약포지에는 초코볼 과자를 넣고 고대기로 봉합하고, 약병에는 주스나 매실액을 넣는다.
④ 약봉지에 증세와 먹는 시간과 횟수를 적는다.

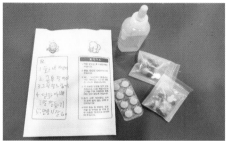

6) 유의점

- 자신을 위한 약뿐만 아니라 변화되기를 희망하는 대상을 위한 약으로 만들 수 있다.

8. 마음이 열리는 소원 나무

1) 준비물
스칸디아모스, 1~3호 캔버스, 유성사인펜, 목공풀, 파스텔, 아이스크림 막대(대), 색종이

2) 대상 및 유형
유 · 아동, 청소년, 성인 / 개인, 집단

3) 적용 시기
중기, 종결기

4) 기대효과
미래에 대한 희망을 구체화하고 재인식함으로써 비전을 갖는다.

5) 진행 과정
① 원하는 것을 들어주는 소원 나무가 있다고 상상하며, 어떤 것들이 이루어지기를 바라는지 이야기를 나눈다.
② 자신만의 열매 모양을 색종이 위에 그린 뒤 오려 준비한다.
③ 스칸디아모스를 이용하여 원하는 색과 모양의 소원 나무를 만든다.
④ ③이 완성되면 ②에 자신의 소원들을 쓰고 소원 나무에 고정한다.
⑤ 나무 주변에 나무를 지켜 주는 나의 이미지를 함께 그린다.

6) 유의점

• 소년 · 소녀 우드스틱을 활용하여 인물 표현을 할 수 있다.

9. 마음 퍼즐

1) 준비물
종이 퍼즐 판, 연필, 지우개, 유성매직 또는 네임펜

2) 대상 및 유형
아동, 청소년, 성인 / 개인, 집단

3) 적용 시기
중기, 종결기

4) 기대효과
미래와 희망을 향한 자기인식과 자기다짐을 고취시킨다.

5) 진행 과정
① 자신에게 가장 소중하고 가장 지키고 싶은 것은 무엇이 있는지 떠올린다.

② ①의 의미와 소중하다고 생각하는 이유에 대해 이야기 나눈다.

③ 소중한 것을 종이 퍼즐 판에 유성매직을 이용하여 그린다.

④ 퍼즐 판을 쏟은 후 흩어진 퍼즐 조각들을 탐색하여 다시 퍼즐을 맞춘다.

  • 퍼즐이 조각으로 부서진 것을 보고 어떤 느낌이 드나요?

  • ①을 지키기 위해 필요한 것은 무엇인가요?

  • ①을 지키기 위해서는 어떤 노력을 해야 할까요?

6) 유의점

• 가치 있다고 생각하는 것을 통해 자신의 가치관과 소중한 것을 지키기 위해서는 개
  인의 노력이 필요하다는 것을 인식한다.

10. 날아오르는 나

1) 준비물
종이컵(대), 풍선, 네임펜, 송곳, 펌프

2) 대상 및 유형
유 · 아동 / 개인

3) 적용 시기
중기, 종결기

4) 기대효과
자아성취감을 통한 긍정적 사고인식과 미래비전을 갖는다.

5) 진행 과정
① 자신이 잘 하고 싶은 것에 대해 생각하고, 그 일을 잘해 내기 위해서는 어떤 노력이 필요한지 이야기 나눈다.
  • 잘하고 싶었던 일을 해냈을 때 어떤 기분이 들었나요?
② 종이컵에 ①의 내용을 글과 이미지로 표현한다.
③ 종이컵 입구를 길이 5cm, 폭 1.5cm 간격으로 가위집을 낸다.
④ ③의 아랫면에 송곳을 이용해 지름 1cm의 구멍을 뚫는다.
⑤ ④에 풍선을 끼워 넣어 펌프를 이용해 바람을 넣는다.
⑥ 바람을 넣은 풍선에서 손을 떼면 위로 날아오른다.
  • ①의 의미가 담긴 종이컵이 날아오를 때 어떤 느낌이 드나요?

11. 오늘은 파티하는 날!

1) 준비물
쉐이빙 폼(인원수대로), 비닐, 반짝이 가루, 수건, 우드락 조각, 네임펜 또는 유성 매직

2) 대상 및 유형
아동, 청소년, 성인 / 집단

3) 적용 시기
중기, 종결기

4) 기대효과
자신의 성취와 타인의 지지를 통해 긍정적 미래상을 고취한다.

5) 진행과정
① 살아오면서 성취감을 느끼고 축하받고 싶은 내용을 우드락 조각에 적는다.
② 책상에 비닐을 깔고, 그 위에 쉐이빙 폼을 자유롭게 짠다.
③ 쉐이빙 폼의 촉감을 느끼며 놀다가, 점차 하나의 큰 케이크 형태를 만든다.
④ 위에 반짝이 가루를 뿌리고 케이크를 완성한다.
⑤ 완성된 케이크에 각자의 ①을 꽂는다.
⑥ 돌아가며 축하받고 싶은 일을 이야기한다.
⑦ 그룹원들은 "○○야! ○○○해서 축하해!" 하며 구체적으로 축하해 준다.
⑧ 마지막으로 그룹 전체의 성취를 축하하고 느낌을 나눈다.

6) 유의점

- 장난을 치며 쉐이빙 폼이 눈이나 입에 들어가지 않도록 유의한다.
- 쉐이빙 폼 작업 후 여린 피부의 어린 아동일수록 빨리 씻어 내는 것이 좋다.
- 대상자가 어린 유아일 경우 생크림으로 대체할 수 있다.

12. 나의 정원

1) 준비물
2~3호 캔버스, 유성 매직, 드라이플라워, 다양한 자연물, 글루건, 우드락 본드, 다양한 구슬

2) 대상 및 유형
청소년, 성인, 노인 / 개인, 집단

3) 적용 시기
중기, 종결기

4) 기대효과
자연물 소재를 통한 회상작업으로 내면의 정서적 안정감을 유도하고 희망을 고취한다.

5) 진행과정
① 잔잔한 음악을 들으며 자연 속으로 나들이 갔던 즐거웠던 기억을 떠올린다.
② 다양한 드라이플라워와 잎들을 만지며 자연물들을 탐색한다.
③ 캔버스에 하트, 별, 동그라미 등 원하는 형태를 그리고, 그 안을 자연물로 채워 준다.
④ 완성작에 제목을 붙이고 소개하며, 만드는 과정에서의 냄새와 촉감, 느낌, 추억 등의 행복했던 경험을 나눈다.

6) 유의점

• 드라이플라워 특성상 부스러지는 것에 유의한다.

• 산책하는 자신을 그린 뒤, 배경을 꾸며 주는 작업으로도 할 수 있다.

13. 나의 자원

1) 준비물
아크릴 상자(자유), 클레이, 지점토, 색모래, 다양한 꾸밈재료(반짝이 가루, 구슬 등)

2) 대상 및 유형
아동, 청소년 / 개인, 집단

3) 적용 시기
중기, 종결기

4) 기대효과
나의 내적자원을 구체적으로 형상화하며 긍정적 자아상과 미래상을 고취할 수 있다.

5) 진행과정
① 나에게 소중한 것들을 떠올려 본다.
- 나를 움직이게 하는 원동력
- 나에게 힘을 주는 것
- 내가 힘이 들 때 떠올리는 것
- 또 다른 소중한 '나'

② ①의 이미지를 떠올려 다양한 재료로 형태를 만든다.

③ 아크릴 상자 내부를 꾸며 주고 ②를 배치한다.

④ 완성작에 제목을 붙이고 소개하며, 만드는 과정에서의 느낌과 감정을 나눈다.

6) 유의점

• 아크릴 상자의 크기는 내담자에 따라 다르게 할 수 있다.

14. 돌의 여정

1) 준비물
다양한 형태의 돌멩이, 찰흙, 다양한 자연물, 다양한 꾸밈재료(이쑤시개, 폼폼이 등)

2) 대상 및 유형
청소년, 성인 / 개인, 집단

3) 적용 시기
중기, 종결기

4) 기대효과
긍정적 자아상을 통해 미래 비전을 갖는다.

5) 진행과정
① '돌과 나' 프로그램에서 만든 돌을 준비한다.
② 이 돌이 힘든 여정을 마치고 돌아와 쉴 수 있는 공간을 상상한다.
③ 찰흙과 다양한 자연물 등을 이용하여 ②의 공간을 꾸민다.
④ 돌멩이를 배치하고 완성된 작품의 제목을 붙인다.
⑤ 느낌을 나눈다.
- 만드는 과정에서 어떤 느낌이 들었나요?
- 이 돌멩이는 어떤 여정을 거쳤을까요?
- 이 공간에서 돌멩이는 어떤 기분과 마음일까요?

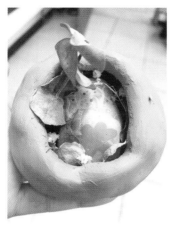

6) 유의점

• 회기의 시간이 넉넉할 경우 '돌과 나'와 '돌의 여정'을 합쳐 활동할 수 있다.

15. 마법의 문

1) 준비물
잡지, 가위, 풀, 4절 켄트지, 색연필, 사인펜, 다양한 꾸밈재료(폼폼이, 반짝이 가루 등)

2) 대상 및 유형
청소년, 성인 / 개인, 집단

3) 적용 시기
종결기

4) 기대효과
내가 바라는 이상과 가까워짐으로써 긍정적인 미래상을 만들 수 있다.

5) 진행과정
① 화지를 반으로 접어, 접은 면은 두고 원하는 모양으로 오린다.
② 잡지에서 자신이 원하는 미래와 가까운 이미지를 다양하게 오린다.
③ ①의 안쪽에 ②를 자유롭게 붙이고 꾸민다.
④ ①의 바깥쪽을 자신만의 문으로 꾸며 준다.
⑤ 완성 후, 문을 열었을 때 펼쳐질 긍정적 미래에 대한 이야기를 나눈다.

6) 유의점

- 잡지 사진을 고르기 어려워할 경우, 여러 장을 찢은 뒤에 한 장씩 차감해 가며 추려
  낼 수 있다. 또는 고른 사진들의 공통점을 찾아 모아 붙일 수 있다.
- 이미지를 찾은 후에 원하는 모양으로 문을 오릴 수 있도록 해도 좋다.

16. 나에게 주는 메시지

1) 준비물
10호 캔버스, 자갈돌(10~20mm) 여러 개, 아크릴 물감, 채색도구, 드라이기, 글루건

2) 대상 및 유형
아동, 청소년, 성인 / 개인, 집단

3) 적용 시기
종결기

4) 기대효과
자신에게 주는 메시지를 통하여 희망과 비전을 갖고 긍정적 자아감을 증진한다.

5) 진행과정
① 자갈돌을 만지며 탐색한다.
  - 돌을 만지면 어떤 느낌이 드나요?
  - 돌을 만지면서 연상되는 것은 무엇일까요? 떠오르는 것을 이야기해 볼까요?
② 돌의 속성과 심리적 효과에 대해 소개한다(유의점도 참조).
  - 자신이 소원하는 것이나 자신에게 힘이 되는 것 등을 돌에 그림과 글로 표현해 볼 거예요.
③ 돌에 아크릴 물감으로 그림이나 글로 표현한다.
④ 배경이 되는 캔버스를 꾸민다.
  - 돌을 붙일 캔버스 배경 꾸미기를 할 거예요. 이때 캔버스에 그림을 그려도 좋고, 색으로만 표현해도 좋아요.
⑤ 글루건을 이용하여 ③을 캔버스 위에 배치한다.

⑥ 작품을 감상하며 제목을 붙이고 이야기를 나눈다.

  • 나의 소원은 무엇인가요?

  • 자신에게 힘이 되는 말과 격려의 말은 어떤 것인가요?

6) 유의점

• 물감이 덜 말랐을 경우 드라이기로 말린다.

※ 돌의 속성과 효과에 대해 소개하는 글

  '우리나라 사람에게 있어서 바위는 신앙적 대상으로 인식되어 왔다.

  기괴한 형상을 한 바위나, 가뭄에도 마르지 않는 샘을 정상에 이고 있는 바위는 때로 신비한 힘을 드러내는 존재로 여긴다. 그리하여 자식이나 복록을 원하는 이, 병을 고치고자 하는 이, 가뭄에 비를 바라는 농민들은 바위 앞에 금줄을 치고 제물을 바쳐 치성을 드렸다. 그만큼 바위는 온갖 소망을 이루어 주는 신통력을 가졌다고 믿은 것이다. 바위는 항존성, 불변성, 구원성의 상징성을 가지고 있다.'

  출처: 국어국문학 자료사전, 이응백, 김원경, 김선풍, 1998. 한국 사전연구사

17. 소망 모빌

1) 준비물
다양한 색지(10cm×10cm~), 도안(동그라미, 하트, 별, 나비), 연필, 실 또는 리본 끈, 사인펜, 가위, 풀 , 종이테이프

2) 대상 및 유형
아동, 청소년, 성인 / 개인, 집단

3) 적용 시기
종결기

4) 기대효과
소망을 담은 모빌 완성을 통하여 미래 희망을 갖는다.

5) 진행과정
① 원하는 색지에 소망을 적어 놓는다.
② 마음에 드는 도안을 색지에 대고 따라 그리고, 똑같은 모양으로 6장 오린다.
③ ②를 반으로 접은 후 한쪽 면에 풀을 바르고, 서로 붙여 입체로 완성한다.
④ 입체모형 가운데를 펼친 후, 실을 위아래 여유를 남기고 중심에 고정시킨다.
⑤ 남겨 둔 아랫실 끝부분에 ①을 붙여 완성한다.
⑥ 자신의 작품을 소개하고, 나의 소망에 대해 이야기 나눈다.

6) 유의점

• 입체 모빌을 여러 개 만들어서 각각의 모빌마다 소망을 적어도 좋다.

18. 멋진 나의 손으로~

1) 준비물
알지네이트 가루, 석고 가루, 종이컵, A4용지

2) 대상 및 유형
아동, 청소년, 성인 / 개인, 집단

3) 적용 시기
종결기

4) 기대효과
자신의 손으로 이뤄 나갈 긍정적인 미래에 대한 희망을 고취한다.

5) 진행과정
① 자신의 손을 바라보면서 자신의 손에 대해 생각하는 시간을 갖는다.
- 그동안 내 손으로 무엇을 해 왔나요?
- 앞으로 이 손으로 무엇을 더 해 나갈 수 있을까요?
- 만약 내 손이 없었다면 어땠을까요?
- 손등을 쓰다듬으며 그동안 수고한 나의 손에 "고맙다"고 말해 주세요.

② 종이컵에 물을 1/2 정도 붓고 알지네이트 가루를 물에 갠다.
③ ②에 포즈 잡은 손을 넣는다.
④ 알지네이트가 굳는 느낌이 날 때 손을 뺀다.
⑤ ②와 같은 방법으로 석고 가루를 물에 개어서 ④에 붓는다.
⑥ ⑤가 굳으면 조심스럽게 알지네이트를 떼어 내어 석고 손 모양만 남긴다.

⑦ 손 모양을 보면서 앞으로 자신의 손으로 무엇을 하고 싶은지 A4용지에 적어 본다.

• 이 손으로 앞으로 무엇을 하고 싶은지 많은 것을 찾아볼까요?

⑧ 자신이 적은 내용에 대해 이야기하고 미래 희망감을 나눈다.

6) 유의점

• 알지네이트 가루는 순간조형에서 인체부위를 복제할 때 사용하는 재료이다.
• 치과에서 치아의 모형을 뜨는 데 사용한다. 천연물질이므로 인체에 무해하며 백색과 청색, 분홍색을 띤 종류가 있으며 박하향 등 여러 가지 향이 가미되어 시중에서 판매되고 있다.

19. 봄, 봄, 봄

1) 준비물
팝콘, 파스텔, 비닐봉지, 목공풀, 나뭇가지, 우드락, 포스트잇, 사인펜

2) 대상 및 유형
아동, 청소년 / 개인, 집단

3) 적용 시기
종결기

4) 기대효과
자신의 꿈과 희망을 설계함으로써 미래 희망감을 갖는다.

5) 진행과정
① 비닐봉지 안에 팝콘과 파스텔 가루를 넣고 섞는다.
② 우드락 위에 나뭇가지를 붙이고, 색을 입힌 팝콘을 목공풀로 붙여 꾸민다.
③ 새롭게 시작하는 봄을 인간의 삶에 비유하며 은유적으로 이야기한다.
   • "봄은 새로운 시작이에요, 새롭게 태어나고 싶은 나의 마음을 포스트잇에 적어 보세요."
④ 자신이 소망하는 것을 포스트잇에 적는다.
⑤ 완성된 작품에 제목을 붙이고, 희망을 이야기 나눈다.

6) 유의점

• 파스텔 가루를 만드는 방법

 － A4용지에 파스텔을 문질러서 가루를 낸다.

 － 비닐봉지에 파스텔을 넣고 빻는다.

 － A4용지 위에 칼로 파스텔 가루를 낸다.

저자 소개

김인선(Kim In Sun)

성신여자대학교 일반대학원 동양화 석사

원광대학교 동서보완의학대학원 미술치료 석사

원광대학교 일반대학원 보건학과 예술치료전공 박사

전) 성신여자대학교, 경성대학교, 원광대학교, 원광대학교 대학원, 광주여자대학교 외래교수

    원광대학교 동서보완의학대학원 예술치료학과 초빙교수

현) 원광보건대학교 간호학과 겸임교수

    (사)한국예술치료학회 부학회장, (사)한국예술치료학회전북지부 김인선미술치료연구소 소장

    발달재활서비스 제공인력 자격관리 미술심리재활영역 분과위원

저서) 미래에 필요한 인재 '마음을 읽어줘!'(공저, 양서원, 2011)

    임상 적용을 위한 미술치료기법(공저, 학지사, 2018)

    아동·청소년 집단미술치료 프로그램(공저, 학지사, 2021)

전은청(Chen Eun Chung)

원광대학교 동서보완의학대학원 미술치료 석사

전북대학교 생활과학과 아동상담전공 박사과정 수료

전) 고구려대학교 아동복지학과 겸임교수, 원광보건대학교 간호학과 겸임교수

현) 전주 마음샘아동가족상담센터 소장

저서) 임상 적용을 위한 미술치료기법(공저, 학지사, 2018)

    아동·청소년 집단미술치료 프로그램(공저, 학지사, 2021)

이혜진(Lee Hye Jin)

원광대학교 동서보완의학대학원 미술치료 석사

전북대학교 생활과학과 아동상담전공 박사과정 수료

전) 서해대학교 유아교육과 외래교수, 원광보건대학교 간호학과 외래교수

현) 익산시 육아종합지원센터 상담사

    (사)한국예술치료학회전북지부 김인선미술치료연구소 수석연구원

저서) 아동·청소년 집단미술치료프로그램(공저, 학지사, 2021)

오승주(Oh Seung Ju)

원광대학교 동서보완의학대학원 석사

원광대학교 일반대학원 보건학과 예술치료전공 박사

전) 원광대학교 보건보완의학대학원 특수심리치료학과 외래교수

현) 원광보건대학교 간호학과 겸임교수

    오승주박사 예술심리치료센터 소장

    (사)한국예술치료학회 세종지부장

    한국심리극역할극상담학회 대전세종지부장

저서) 임상 적용을 위한 미술치료기법(공저, 학지사, 2018)

    아동 · 청소년 집단미술치료 프로그램(공저, 학지사, 2021)

김희정(Kim Hee Jung)

원광대학교 보건보완의학대학원 석사

원광대학교 일반대학원 조형미술학 박사

전) 원광대학교 조형예술디자인대학 시각정보디자인학과 초빙교수

현) 원광대학교 조형예술디자인대학 시각정보디자인학과 외래교수

장소연(Jang So Yeon)

동덕여자대학교 대학원 통합예술치료학과 석사

전북대학교 대학원 아동가족학과 아동상담전공 박사과정 수료

현) 원광보건대학교 간호학과 겸임교수

    (사)한국예술치료학회전북지부 김인선미술치료연구소 연구원

임상 적용을 위한

미술치료기법 II

Art Therapy Techniques for Clinical Application

2025년 3월 5일 1판 1쇄 인쇄
2025년 3월 10일 1판 1쇄 발행

지은이 • 김인선 · 전은청 · 이혜진 · 오승주 · 김희정 · 장소연
펴낸이 • 김진환
펴낸곳 • ㈜ 학지사

04031 서울특별시 마포구 양화로 15길 20 마인드월드빌딩
대표전화 • 02-330-5114   팩스 • 02-324-2345
등록번호 • 제313-2006-000265호

홈페이지 • http://www.hakjisa.co.kr
인스타그램 • https://www.instagram.com/hakjisabook

ISBN 978-89-997-3342-0 93180

정가 24,000원

출판미디어기업 **학지사**

간호보건의학출판 **학지사메디컬** www.hakjisamd.co.kr
심리검사연구소 **인싸이트** www.inpsyt.co.kr
학술논문서비스 **뉴논문** www.newnonmun.com
교육연수원 **카운피아** www.counpia.com
대학교재전자책플랫폼 **캠퍼스북** www.campusbook.co.kr